AF275839

Disfrute gratuitamente **DURANTE UN AÑO** de los eBook y audiolibros de las obras de Editorial Colex*

- ⊘ Acceda a la página web de la editorial **www.colex.es**

- ⊘ Identifíquese con su usuario y contraseña. En caso de no disponer de una cuenta regístrese.

- ⊘ Acceda en el menú de usuario a la pestaña «Mis códigos» e introduzca el que aparece a continuación:

RASCAR PARA VISUALIZAR EL CÓDIGO

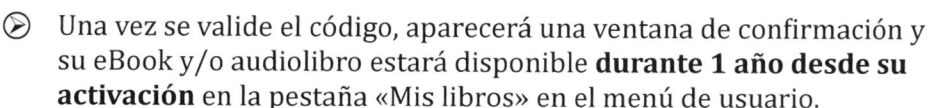

- ⊘ Una vez se valide el código, aparecerá una ventana de confirmación y su eBook y/o audiolibro estará disponible **durante 1 año desde su activación** en la pestaña «Mis libros» en el menú de usuario.

---

* Los audiolibros están disponibles en las ediciones más recientes de nuestras obras. Se excluyen expresamente las colecciones «Códigos comentados», «Biblioteca digital» y los productos de www.vademecumlegal.es.

No se admitirá la devolución si el código promocional ha sido manipulado y/o utilizado.

¡Gracias por confiar en nosotros!

La obra que acaba de adquirir incluye de forma gratuita la versión electrónica.
Acceda a nuestra página web para aprovechar todas las funcionalidades de
las que dispone en nuestro lector.

Funcionalidades eBook

**Acceso desde
cualquier dispositivo con
conexión a internet**

**Idéntica visualización
a la edición de papel**

Navegación intuitiva

Tamaño del texto adaptable

Síguenos en:

LA EXENCIÓN EN IRPF POR REINVERSIÓN EN VIVIENDA HABITUAL

Todas las claves para conocer en qué consiste este beneficio fiscal, cuáles son sus requisitos y cómo aplicarlo con éxito

EDICIÓN 2025

Obra realizada por el Departamento de Documentación de Iberley

COLEX 2025

© Editorial Colex, S.L.
Calle Costa Rica, número 5, 3.º B (local comercial)
A Coruña, 15004, A Coruña (Galicia)
info@colex.es
www.colex.es

I.S.B.N.: 978-84-1194-846-3
Depósito legal: C 42-2025

SUMARIO

1. **INTRODUCCIÓN: LA EXENCIÓN POR REINVERSIÓN EN VIVIENDA HABITUAL** 9

2. **REQUISITOS PARA SU APLICACIÓN** 15

   2.1. El carácter habitual de ambas viviendas (la transmita y la adquirida o rehabilitada) 17

   2.2. El importe que se ha de reinvertir (reinversión total o parcial) 27

   2.3. El plazo para la reinversión 34

   2.4. La opción por su aplicación 37

   2.5. Consecuencias del incumplimiento de los requisitos 40

3. **ESPECIAL REFERENCIA A ALGUNOS SUPUESTOS QUE PUEDEN PLANTEAR DUDAS EN LA PRÁCTICA** 45

   3.1. El cómputo de los plazos en caso de reinversión en la construcción de una nueva vivienda 46

   3.2. El carácter habitual de la vivienda familiar cuyo uso corresponde al excónyuge y los hijos tras la separación o divorcio 49

   3.3. Supuesto de venta de vivienda privativa y compra de vivienda ganancial 52

   3.4. La reinversión cuando la compra de la nueva vivienda se financia con un préstamo 54

   3.5. La posibilidad de aplicar la exención en caso de reinversión tras un primer intento fallido 56

   3.6. El supuesto en el que la vivienda vendida había estado alquilada a un tercero justo antes de la transmisión 57

   3.7. Procedencia de la exención por reinversión cuando se tiene la nuda propiedad de la vivienda trasmitida 60

ANEXO
CASOS PRÁCTICOS

Caso práctico | ¿La cantidad pagada con el contrato de arras puede considerarse reinversión a efectos del IRPF si finalmente la compra se formaliza fuera del plazo de los dos años? 65

Caso práctico | En la exención por reinversión, ¿es posible ampliar el plazo considerando retrasos no imputables al contribuyente? 67

Caso práctico | Exención en IRPF por reinversión en vivienda habitual si se compra una nueva vivienda y se rehabilita 69

Caso práctico | Incumplimiento de los requisitos para la exención en IRPF por reinversión en vivienda habitual y regularización. 71

Caso práctico | ¿Puede aplicarse la exención por reinversión en vivienda habitual en IRPF si la adquirida se alquila un mes al año? 73

Caso práctico | Exención en IRPF por reinversión si se vende la vivienda ganancial y se reinvierte en una privativa. 75

Caso práctico | ¿Cabe la exención en IRPF por reinversión en vivienda habitual si se compran plazas de garaje y trastero? 77

Caso práctico | ¿El teletrabajo justifica el cambio de vivienda a efectos de excepcionar los tres años exigidos para que se considere vivienda habitual de cara a la exención en IRPF de la ganancia patrimonial? 79

Caso práctico | Aplicación de la exención cuando se vende una cuota proindiviso de un edificio 81

Caso práctico | Posibilidad de aplicar la exención por reinversión en vivienda habitual en la compra previa de un solar 83

Caso práctico | La reinversión en vivienda habitual a través de una cooperativa de vivienda 85

Caso práctico | ¿Puede el nacimiento de un hijo justificar un cambio de domicilio a efectos de lo dispuesto en el art. 41 bis del RIRPF? 87

Caso práctico | ¿Sobre qué porcentaje aplico la exención por reinversión si paso de ser propietario de una parte, a propietario del total el año anterior a la venta? 89

Caso práctico | ¿Es aplicable la exención en el IRPF si el contribuyente fallece antes de materializar la reinversión en vivienda habitual? 91

Caso práctico | Cómputo de plazos para la reinversión cuando se ha dejado de vivir un tiempo en la vivienda transmitida 93

Caso práctico | ¿El tiempo de ocupación de la vivienda en precario computa para la exención por reinversión en vivienda habitual? 95

Caso práctico | Reinversión vivienda habitual IRPF cuando se adquiere una nueva vivienda antes de la transmisión de la que constituía vivienda habitual . 97

1.
INTRODUCCIÓN: LA EXENCIÓN POR REINVERSIÓN EN VIVIENDA HABITUAL

Uno de los tipos de rentas que se gravan en el IRPF son las ganancias y pérdidas patrimoniales, entendidas como aquellas «variaciones en el valor del patrimonio del contribuyente que se pongan de manifiesto con ocasión de cualquier alteración en la composición de aquél, salvo que por esta Ley se califiquen como rendimientos» (primer apartado del artículo 33 de la Ley 35/2006, de 28 de noviembre, del Impuesto sobre la Renta de las Personas Físicas y de modificación parcial de las leyes de los Impuestos sobre Sociedades, sobre la Renta de no Residentes y sobre el Patrimonio; en adelante, LIRPF).

Por lo tanto, para que una renta quede sujeta al IRPF como ganancia o pérdida patrimonial, será necesaria la concurrencia de tres circunstancias básicas, como reconoce la sentencia del Tribunal Supremo n.º 135/2023, de 6 de febrero, ECLI:ES:TS:2023:301:

– Que el bien o elemento patrimonial del que sea titular la persona física experimente una variación.

– Que esa variación se ponga de manifiesto como consecuencia de cualquier alteración en la composición del patrimonio de su titular. Se considera que no existe tal alteración en los casos de división de la cosa común, disolución de la sociedad de gananciales, extinción del régimen económico matrimonial de participación, disolución de comunidades de bienes o separación de comuneros; supuestos que, eso sí, no podrán dar nunca lugar a la actualización de los valores de los bienes o derechos recibidos.

– Y que, además, la LIRPF no las califique como rendimientos.

Con todo, la normativa del impuesto configura una serie de supuestos en los que, a pesar de darse esos requisitos, fiscalmente se estima que no existe ganancia o pérdida patrimonial; así como otras exenciones y exclusiones de gravamen. Y justamente ahí es donde encaja el beneficio fiscal que aquí se estudia. En principio, cuando una **persona física transmita su vivienda habitual**, a efectos del IRPF se le generará una ganancia o pérdida patrimonial a consignar en su declaración de la renta. Sin embargo, dado el especial ámbito en el que nos encontramos, la normativa tributaria excluye de grava-men la ganancia patrimonial que pueda existir siempre que las cantidades obtenidas con la transmisión se reinviertan en una nueva vivienda habitual en ciertas condiciones.

Así, según el primer apartado del artículo 38 de la LIRPF, «podrán excluirse de gravamen las ganancias patrimoniales obtenidas por la transmisión de la vivienda habitual del contribuyente, siempre que el importe total obtenido por la transmisión **se reinvierta en la adquisición de una nueva vivienda habitual** en las condiciones que reglamentariamente se determinen». Cuando el importe reinvertido sea inferior al total de lo percibido en la transmisión, solo se excluirá de tributación la parte proporcional de la ganancia patrimo-nial obtenida que corresponda a la cantidad reinvertida.

Lo relevante, por tanto, será que la reinversión se produzca en los términos y dentro de los plazos que especifica el reglamento del impuesto; que se-rán objeto de estudio en epígrafes posteriores. Una reinversión que, por otra parte, podrá materializarse en la adquisición una nueva vivienda habitual, ya construida o terminada, o bien en la **construcción de una futura vivienda habitual**, incluida la posibilidad de autopromoción.

Pero, además, la exención también podrá resultar de aplicación cuando los importes obtenidos se inviertan en la **rehabilitación de una nueva vivienda habitual**. A tales efectos, por tanto, se asimila la rehabilitación de vivienda a su adquisición; teniendo la consideración de rehabilitación las obras en la vivienda que cumplan cualquiera de los siguientes requisitos (apartado 1 del artículo 41 del Real Decreto 439/2007, de 30 de marzo, por el que se aprue-ba el Reglamento del Impuesto sobre la Renta de las Personas Físicas y se modifica el Reglamento de Planes y Fondos de Pensiones, aprobado por Real Decreto 304/2004, de 20 de febrero; en adelante, RIRPF):

- Que se trate de actuaciones subvencionadas en materia de rehabili-tación de viviendas en los términos del Real Decreto 233/2013, de 5 de abril, por el que se regula el Plan Estatal de fomento del alquiler de viviendas, la rehabilitación edificatoria, y la regeneración y renova-ción urbanas, 2013-2016.

- Que las obras reúnan dos condiciones simultáneas:

  » Tener por objeto principal la reconstrucción de la vivienda median-te la consolidación y el tratamiento de las estructuras, fachadas o cubiertas y otras análogas. Es decir, será necesario que la mayor parte del importe de la obra se destine a la consolidación o trata-miento de elementos estructurales de la edificación (estructuras, fachadas, cubiertas o elementos estructurales análogos); sin que queden incluidas en dicho concepto las obras de readaptación, re-distribución, reacondicionamiento y mejora o reforma de la vivien-da, tales como redistribución del espacio interior, cambio o moder-nización de instalaciones de fontanería, calefacción, electricidad, gas, solado, alicatado, carpintería, bajada de techos, etc. [así resul-taría, por ejemplo, de la consulta vinculante de la Dirección General de Tributos (V0448-24), de 19 de marzo de 2024].

» Cumplido lo anterior, también será necesario que el coste global de las operaciones de rehabilitación exceda del 25 % del precio de adquisición si esta se hubiese efectuado durante los dos años inmediatamente anteriores al inicio de las obras de rehabilitación o, en otro caso, del valor de mercado que tuviera la vivienda en el momento de dicho inicio. A tales efectos, se descontará del precio de adquisición o del valor de mercado de la vivienda la parte proporcional correspondiente al suelo.

A TENER EN CUENTA. Junto con esta exención por reinversión en vivienda habitual, cabe destacar que el artículo 33.4.b) de la LIRPF declara exentas las ganancias patrimoniales puestas de manifiesto con la transmisión de su vivienda habitual por mayores de 65 años o por personas en situación de dependencia severa o de gran dependencia conforme a la Ley de promoción de la autonomía personal y atención a las personas en situación de dependencia (Ley 39/2006, de 14 de diciembre). Ahora bien, como se observa, esta exención es diferente de la que aquí se está analizando y no exige la reinversión del importe obtenido en ningún fin específico.

CUESTIONES

1. En caso de venta de una vivienda, ¿cómo se determina el importe de la ganancia o pérdida patrimonial generada a efectos del IRPF?

La cuantía de la ganancia o pérdida patrimonial vendrá determinada por la diferencia entre los valores de adquisición y de transmisión del inmueble, cuyo importe se calculará conforme a los artículos 35, 36 y 37 de la LIRPF.

2. ¿En términos generales, a qué ejercicio se imputan las ganancias o pérdidas patrimoniales a efectos del IRPF?

El apartado 1.c) del artículo 14 de la LIRPF establece que, por regla general, las ganancias y pérdidas patrimoniales se imputarán al período impositivo en el que tenga lugar la alteración patrimonial; aunque el apartado 2 del mismo precepto recoge una serie de reglas especiales de imputación temporal, que resultarán de aplicación en determinados supuestos concretos (por ejemplo, para el caso de operaciones a plazos o con precio aplazado).

3. ¿Existen otros beneficios fiscales en caso de transmisión de viviendas o inmuebles adquiridos en 2012 o antes?

Sí. Conforme a la disposición adicional trigésima séptima de la LIRPF, estarán exentas en un 50 % las ganancias patrimoniales que se pongan de manifiesto con ocasión de la transmisión de inmuebles urbanos adquiridos a título oneroso a partir de la entrada en vigor del Real Decreto-Ley 18/2012, de 11 de mayo (producida el día 12 de mayo de ese año) y hasta el 31 de diciembre de 2012. Sin embargo, esa exención no resultará de aplicación cuando el inmueble se hubiera adquirido o transmitido a su cónyuge, a cualquier persona unida al contribuyente por parentesco, en línea recta o colateral, por consanguinidad o afinidad, hasta el segundo grado incluido, a una entidad respecto de la que se produzca, con el contribuyente o con cualquiera de las personas antes citadas, alguna de las circunstancias establecidas en el artículo 42 del Código de Comercio, con independencia de la residencia y de la obligación de formular cuentas anuales consolidadas. Si el inmueble transmitido fuera la vivienda habitual del contribuyente y se produjera una reinversión parcial, se excluirá de tributación la parte proporcional de la ganancia patrimonial obtenida, una vez aplicada la exención prevista en la mencionada disposición adicional, que corresponda a la cantidad reinvertida en los términos y condiciones del artículo 38 de la LIRPF.

A su vez, también conviene mencionar que la disposición transitoria novena de la LIRPF establece determinados coeficientes reductores que pueden aplicarse a las ganancias patrimoniales derivadas de elementos patrimoniales adquiridos con anterioridad a 31 de diciembre de 1994 (se aborda en la consulta vinculante que se reproduce a continuación).

RESOLUCIÓN ADMINISTRATIVA

Consulta vinculante de la Dirección General de Tributos (V2227-23), de 27 de julio de 2023

Asunto: coeficientes reductores que pueden aplicarse a las ganancias patrimoniales derivadas de elementos patrimoniales adquiridos con anterioridad a 31 de diciembre de 1994 y coordinación de este beneficio fiscal con la exención por reinversión en vivienda habitual cuando puedan proceder ambas.

«(...) la disposición transitoria novena de la LIRPF establece un régimen transitorio para las ganancias patrimoniales derivadas de la transmisión de elementos patrimoniales no afectos a actividades económicas, o desafectados con más de tres años de antelación a la fecha de su transmisión, que hubieran sido adquiridos antes del 31 de diciembre de 1994.

Dicho régimen transitorio prevé una reducción sobre la parte de la ganancia patrimonial generada con anterioridad a 20 de enero de 2006, entendiendo por tal, la parte de la ganancia patrimonial que proporcionalmente corresponda al número de días transcurridos entre la fecha de adquisición y el 19 de enero de 2006, ambos inclusive, respecto del número total de días que hubiera permanecido en el patrimonio del contribuyente.

Para la aplicación de la reducción, se calculará el valor de transmisión de todos los elementos patrimoniales transmitidos desde el 1 de enero de 2015 hasta la fecha de transmisión del elemento patrimonial, a cuya ganancia patrimonial el contribuyente le hubiera aplicado lo establecido en esta disposición, y se operará de la forma siguiente:

Si la suma del resultado de la anterior operación y el valor de transmisión del elemento patrimonial fuese inferior a 400.000 euros, la parte de la ganancia patrimonial generada con anterioridad a 20 de enero de 2006 se reducirá aplicando sobre el importe de la misma el coeficiente del 11,11 por 100 por cada año de permanencia del inmueble en el patrimonio del consultante que exceda de dos, contado desde su adquisición o realización de las inversiones y mejoras hasta el 31 de diciembre de 1996 y redondeado por exceso.

Si el resultado de la anterior operación fuese inferior a 400.000 euros, pero sumándolo al valor de transmisión del elemento patrimonial se superase dicha cantidad, la parte de la ganancia patrimonial generada con anterioridad a 20 de enero de 2006 que proporcionalmente corresponda a la parte del valor de transmisión que sumado al resultado de la anterior operación no supere los 400.000 euros, se reducirá aplicando sobre el importe de la misma el coeficiente del 11,11 por 100 por cada año de permanencia del inmueble en el patrimonio del consultante que exceda de dos, contado desde su adquisición o realización de las inversiones y mejoras hasta el 31 de diciembre de 1996 y redondeado por exceso.

Si el resultado de la anterior operación fuese superior a 400.000 euros no se aplicará reducción alguna a la parte de la ganancia patrimonial con anterioridad a 20 de enero de 2006.

*Como puede observarse esta disposición transitoria regula una reducción sobre una parte de la ganancia patrimonial derivada de la transmisión de elementos patrimoniales adquiridos antes de 31 de diciembre de 1994 (la generada con anterioridad a 20 de enero de 2006), debiendo entender dicha ganancia como aquella sujeta y no exenta del Impuesto. Es decir, **deberá calcularse en primer lugar la parte exenta de la ganancia patrimonial derivada de la transmisión de la vivienda habitual como consecuencia de su reinversión en otra vivienda habitual y, una vez efectuado dicho cálculo, calcular la reducción que, en su caso, proceda por aplicación de la disposición transitoria novena sobre la ganancia patrimonial que haya resultado no exenta.***

Al respecto, conviene precisar que a los efectos de determinar si se alcanzan o no los 400.000 euros anteriormente citados, no se tendrá en cuenta la parte del valor de transmisión de la vivienda que fuera objeto de reinversión y que determine la aplicación de la exención».

13

2.
REQUISITOS PARA SU APLICACIÓN

Si bien las ganancias patrimoniales obtenidas tras la venta de una vivienda deben de ser tenidas en cuenta a la hora de llevar a cabo la tributación por IRPF, la Ley 35/2006, de 28 de noviembre, del Impuesto sobre la Renta de las Personas Físicas (LIRPF), recoge una exención para cuando la ganancia deriva de la venta de la vivienda habitual y se reinvierte en otra.

A la hora de aplicar esta exención por reinversión en vivienda habitual hay que partir de la idea de que la misma no es automática, sino que debe de ser solicitada por el contribuyente, y su concesión se encontrará condicionada al cumplimiento de los requisitos establecidos legalmente.

Partiendo de lo dispuesto en el apartado primero del artículo 38 de la LIRPF, y en los artículos 41 y 41 bis del Reglamento del IRPF, podemos enumerar los siguientes requisitos:

- **Habitualidad de la vivienda transmitida.** En virtud de lo dispuesto en el artículo 41 bis del Reglamento del IRPF, en términos generales, se considera vivienda habitual del contribuyente la edificación que constituya su residencia durante un plazo de al menos tres años continuados.

- **Habitualidad de la vivienda adquirida.** El mentado artículo 41 bis del Reglamento del IRPF exige la ocupación en el plazo de 12 meses, al establecer que para que se considere residencia habitual del contribuyente debe de tratarse de una vivienda habitada de manera efectiva y con carácter permanente, en un plazo de 12 meses desde la fecha de adquisición (salvo ciertas excepciones). Además, una vez ocupada la vivienda dentro de esos 12 meses, generalmente también será necesaria la residencia durante un plazo continuado de tres años para que se consolide la exención.

- **Reinversión del importe obtenido con la venta,** teniendo en cuenta que por reinversión debe entenderse un acto negocial jurídico económico, dándose la realidad del mismo y cumpliéndose con los períodos establecidos por ley y siempre con independencia de los pagos monetarios del crédito/préstamos/deuda hipotecaria asumida en la nueva adquisición (**STS n.º 961/2021, de 5 de julio, ECLI:ES:TS:2021:2990**).

– **Realizar la reinversión en el plazo de 2 años.** La reinversión podrá realizarse de una sola vez o sucesivamente durante un periodo que no podrá superar los dos años, que podrán ser los dos años posteriores o anteriores a la venta de la vivienda transmitida.

Citando la **consulta vinculante de la Dirección General de Tributos (V1344-23), de 22 de mayo de 2023**: «Conforme con tal regulación, para que la ganancia patrimonial que se obtenga en la transmisión de la vivienda habitual resulte exenta es necesario reinvertir el importe total obtenido en la adquisición o rehabilitación de una nueva vivienda habitual (de reinvertir un importe inferior la exención será parcial); debiendo efectuarse la reinversión en el plazo de los dos años anteriores o posteriores a contar desde la fecha de enajenación».

> **A TENER EN CUENTA.** Al referirnos a ganancias patrimoniales derivadas de la transmisión de un inmueble, la parte que no se encuentre exenta habrá de integrar la base imponible del ahorro.

CUESTIÓN

Si en vez de adquirir una nueva vivienda reinvierto el dinero en la rehabilitación de un inmueble que quiero utilizar como vivienda habitual, ¿podré acogerme a la exención?

El artículo 41 del RIRPF recoge que la rehabilitación se asimila a la adquisición a estos efectos cuando las obras en la vivienda cumplan alguno de los siguientes requisitos:

– Que sean actuaciones subvencionadas en materia de rehabilitación de viviendas en los términos previstos en el Real Decreto 233/2013, de 5 de abril, por el que se regula el Plan Estatal de fomento del alquiler de viviendas, la rehabilitación edificatoria, y la regeneración y renovación urbanas, 2013-2016.

– Que el objeto principal de las obras sea la reconstrucción de la vivienda mediante la consolidación y el tratamiento de las estructuras, fachadas o cubiertas y otras análogas. En estos casos, el coste global de las operaciones de rehabilitación debe exceder del 25 %:

» Del precio de adquisición si esta se hubiese efectuado durante los dos años inmediatamente anteriores al inicio de las obras de rehabilitación.

» En otro caso, del valor de mercado que tuviese la vivienda en el momento de inicio de la rehabilitación.

2.1. El carácter habitual de ambas viviendas (la transmita y la adquirida o rehabilitada)

El artículo 38 de la LIRPF dispone en el primer párrafo de su apartado primero que: «Podrán excluirse de gravamen las ganancias patrimoniales obtenidas por la **transmisión de la vivienda habitual del contribuyente**, siempre que el importe total obtenido por la transmisión se reinvierta en la **adquisición de una nueva vivienda habitual** en las condiciones que reglamentariamente se determinen». Es decir, se exige el requisito de la habitualidad tanto en la vivienda transmitida, como en la adquirida o rehabilitada.

En la misma línea, el artículo 41 del RIRPF afirma: «Podrán gozar de exención las ganancias patrimoniales que se pongan de manifiesto en la **transmisión de la vivienda habitual del contribuyente cuando el importe total obtenido se reinvierta en la adquisición de una nueva vivienda habitual** (...)».

Citando a la **Dirección General de Tributos en su consulta vinculante (V1360-24), de 10 de junio de 2024**: «Para poder acogerse a la exención, la consideración como habitual de la vivienda ha de concurrir en ambas viviendas: en la que se transmite y en la que se adquiere».

Dada la importancia del concepto de habitualidad, que va a ser determinante a la hora de poder aplicar la exención, el Real Decreto 960/2013, de 5 de diciembre, introdujo un nuevo artículo 41 bis al Reglamento del IRPF, en el que se analiza el concepto de vivienda habitual a efectos de determinadas exenciones, entre las que se encuentra la exención por reinversión en vivienda habitual, regulando los requisitos necesarios para considerar que tanto la vivienda transmitida como la adquirida tienen el carácter de habituales, y que recoge lo dispuesto en la disposición adicional vigésima tercera de la LIRPF.

RESOLUCIÓN ADMINISTRATIVA

Consulta vinculante de la Dirección General de Tributos (V1248-24), de 30 de mayo de 2024

Asunto: perspectiva temporal del carácter habitual de la vivienda.

«En este sentido, la vivienda habitual se configura, conforme criterio manifestado reiteradamente por este Centro Directivo, desde una perspectiva temporal que exige una residencia continuada por parte del contribuyente, lo cual requiere su utilización

17

> *efectiva y con carácter permanente por el propio contribuyente, circunstancias que no se ven alteradas por las ausencias temporales. No obstante, en aquellos casos en los que por duplicidad de domicilios pudiera haber dudas sobre cuál es el que constituye la residencia habitual, las exigencias de continuidad y permanencia otorgarían el carácter de habitual a aquel domicilio donde se residiera por más tiempo a lo largo de cada período impositivo; puesto que un contribuyente no puede tener más de una vivienda habitual en cada momento».*

La habitualidad de la vivienda transmitida a efectos de la exención por reinversión en vivienda habitual en IRPF

Tal y como ya hemos expuesto, a los efectos de la exención por reinversión en vivienda habitual del art. 38 de la LIRPF, el artículo 41 bis del RIRPF es el encargado de delimitar el concepto de vivienda habitual, estableciendo que se **considerará vivienda habitual del contribuyente la edificación que constituya su residencia durante un plazo continuado de al menos 3 años.**

Este plazo de 3 años puede exceptuarse en determinadas circunstancias, en las que se entenderá que la vivienda tuvo el carácter de habitual a pesar de no haber transcurrido ese término:

- Cuando se produce el fallecimiento del contribuyente.
- Cuando concurren circunstancias que exigen necesariamente el cambio de domicilio.

CUESTIONES

1. ¿Qué circunstancias pueden justificar el cambio de domicilio como necesario a efectos de excepcionar el plazo de 3 años?

El propio RIRPF, como también la disposición adicional vigésima tercera de la LIRPF, recogen varios ejemplos de circunstancias que pueden justificar el cambio de domicilio a estos efectos, enumerando las siguientes:

- Celebración de matrimonio.
- Separación matrimonial.
- Traslado laboral.
- Obtención del primer empleo.
- Cambio de empleo.
- Otras causas análogas justificadas.

2. Estas circunstancias que permiten exceptuar el requisito de los 3 años, ¿se aplicarán de manera automática?

No, la STS n.º 487/2020, de 19 de mayo, ECLI:ES:TS:2020:994, recoge que:

> *«(...) en lo que se refiere a decidir si las singulares circunstancias del recurrente constituían o no la excepción reglamentariamente prevista para el exigido plazo de tres años, no está ante una cuestión que se pueda resolver mediante una aplicación autómata o mecánica del texto gramatical de dicho precepto. Pues en él se hace referencia a la 'celebración de matrimonio', pero no se detallan o incluyen exigencias en lo relativo a la fecha de dicha celebración.*

> *Todo lo cual conlleva a tener que aceptarse que, en lo que hace a decidir la aplicabilidad de la salvedad a la que estamos haciendo referencia, esa decisión exige necesariamente llevar a cabo una tarea hermenéutica de dicha norma reglamentaria en la que razonablemente se pueden aceptar distintas alternativas de interpretación».*

Otro plazo que hay que tener en cuenta a los efectos de considerar que se está transmitiendo la vivienda habitual es el recogido en el apartado tercero del art. 41 bis del RIRPF, que dispone que se entenderá que se transmite la vivienda habitual cuando el inmueble constituya la vivienda habitual en el momento de la transmisión o hubiese reunido **tal condición hasta cualquier día de los dos años anteriores a la transmisión**.

El Tribunal Supremo se ha pronunciado sobre el carácter de habitual de la vivienda, entre otras, en su **STS n.º 553/2023, de 5 de mayo, ECLI:ES:TS:2023:2021**, señalando que el mismo puede definirse a raíz de lo dispuesto en el art. 38 de la LIRPF y de los arts. 41 y 41 bis del RIRPF:

> «Así pues, el examen de las condiciones exigidas para la aplicación de la exención por reinversión de las ganancias patrimoniales obtenidas por la enajenación de la vivienda habitual que tuvo tal condición debe ceñirse a los requisitos específicos establecidos al efecto por el art. 38.1 LIRPF, que remite directamente al art. 41 del RLIRPF, al señalar que "[...] [p]odrán excluirse de gravamen las ganancias patrimoniales obtenidas por la transmisión de la vivienda habitual del contribuyente, siempre que el importe total obtenido por la transmisión se reinvierta en la adquisición de una nueva vivienda habitual en las condiciones que reglamentariamente se determinen. [...]". Y el art. 41 RLIRPF remite a su vez a lo dispuesto "[...] en el art. 41 bis de este Reglamento [...]" en cuanto a las condiciones para la calificación como "habitual" de la vivienda enajenada. Por tanto, el concepto de vivienda habitual es, desde el punto de vista tributario, un concepto definido por la normativa tributaria, conforme al art. 12.2 LGT (...)».

Otra cuestión relevante a tener en cuenta es la **carga de la prueba de la habitualidad de la vivienda**. Cabe destacar aquí que cuando el contribuyente entiende que una determinada edificación tiene la consideración de vivienda habitual podrá acreditarlo mediante cualquier medio de prueba válido en derecho, tal y como se recoge en los artículos 105 y 106 de la Ley General Tributaria. Además, tal y como recoge la **Dirección General de Tributos en su consulta vinculante (V1248-24), de 30 de mayo de 2024**: «(...) el simple empadronamiento no constituye, por sí mismo, elemento suficiente de acreditación de residencia y vivienda habitual en una determinada localidad, como tampoco lo es el hecho de darse de alta en el Impuesto sobre Actividades Económicas o trasladar el domicilio fiscal a lugar determinado».

A TENER EN CUENTA. El Tribunal Supremo se ha pronunciado sobre la posibilidad de considerar la vivienda familiar como vivienda habitual a efectos de poder aplicar la exención por reinversión del art. 38 de la LIRPF, cuando tras un divorcio uno de los cónyuges no reside en el inmueble. Así, en su STS n.º 553/2023, de 5 de mayo, ECLI:ES:TS:2023:2021, se fija como **doctrina** que: «(...) en las **situaciones de separación, divorcio o nulidad del matrimonio** que hubieren determinado el cese de la ocupación efectiva como vivienda habitual **para el cónyuge que ha de abandonar el domicilio** habitual por tales causas, el **requisito de ocupación efectiva de la vivienda habitual en el momento de la transmisión o en cualquier día de los dos años anteriores** a la misma, que exige el apartado 3 del art. 41 bis del RLIRPF, **se entenderá cumplido cuando tal situación concurra en el cónyuge que permaneció en la misma**». A raíz de

---

esta sentencia, la Dirección General de Tributos **ha modificado su criterio interpretativo**, y en la consulta vinculante de la DGT (V2588-23), de 27 de septiembre de 2023, se recoge lo siguiente: «(...) la jurisprudencia establecida por el Tribunal Supremo lleva a modificar el criterio interpretativo que esta Dirección General había venido manteniendo al respecto y pasar a considerar que, a efectos de lo dispuesto en el artículo 41 bis.3 del RIRPF, en los supuestos de separación, divorcio o nulidad del matrimonio que determinen para uno de los cónyuges el cese de la residencia en la que había sido la vivienda habitual del matrimonio, se entenderá que este está transmitiendo la vivienda habitual cuando, para el cónyuge que permaneció en la misma constituya su vivienda habitual en ese momento o hubiera tenido tal consideración hasta cualquier día de los dos años anteriores a la fecha de transmisión».

RESOLUCIÓN RELEVANTE

Sentencia del Tribunal Superior de Justicia de Castilla-La Mancha n.º 152/2024, de 29 de julio, ECLI:ES:TSJCLM:2024:1865

Asunto: las facturas de suministros como prueba de habitualidad a efectos de la exención.

«Atendiendo al reproche que se efectúa por el demandante a la actuación de la Administración que fundamenta su decisión en los consumos de la vivienda y en la incidencia que ello puede tener a la hora de servir como prueba para acreditar que se reside allí de manera continuada y permanente, y darle así más valor que a la prueba que aporta el demandante, nos lleva a traer a colación pronunciamientos previos de esta misma Sala, entre otras, en sentencia de la Sección 2ª, del 14 de octubre de 2022 (Recu. 607/2020), o de esta Sección 1ª, del 7 de marzo de 2023 (recu 236/20) y la más reciente nº 102, del 24 de mayo de 2024 (Rec. 15/21), donde hemos tenido ocasión de resaltar y reiterar el valor probatorio objetivo de la facturación de los consumos habituales de una vivienda (electricidad, agua, gas.....) a los efectos de acreditar la residencia habitual del contribuyente, al ser indispensables para la vida cotidiana. Así, en la sentencia del 7 de marzo de 2023 (recu 236/20) veníamos a decir:

" En efecto, es carga probatoria del recurrente acreditar que la vivienda (...) por la que efectuó la deducción del IRPF y cuya devolución le exige la AEAT, se corresponde con su vivienda habitual, entendida la misma en los términos recogidos en la normativa que resulta de aplicación.

En tal sentido, como ya hemos tenido ocasión de decir en la Sala, el empadronamiento en dicha vivienda, siendo cierto que se trata de una prueba al respecto, no es suficiente a tales efectos, toda vez que la inscripción en el padrón municipal se lleva a cabo en virtud de declaración unilateral del propio interesado, y no consta haber sido objeto de ningún tipo de comprobación oficial acerca de la realidad de la misma.

Asimismo, el pago del recibo del IBI, así como de la tasa de alcantarillado o de basuras, no son datos indicativos acerca de la existencia de una residencia habitual en dicha vivienda, pues su cargo y abono son indiferentes a tal circunstancia.

Por el contrario, los datos referidos a los consumos de la vivienda (agua, luz, gas), sí son demostrativos de la existencia de la ocupación y residencia en una vivienda. Y podrán ser mayores o menores, pero lo cierto, en el caso que nos ocupa, es que son prácticamente inexistentes.

En este último sentido, hacemos nuestra la conclusión del TEAR cuando indica que en la vivienda, tras analizar el consumo en suministros, puede verificarse que se sitúa en niveles mínimos, teniendo en consideración que en nuestro país el consumo medio de energía es de 1.050 kWh para un hogar unipersonal, en tanto que en el ejercicio regularizado para el actor oscila entre 0-10Kwh.

Asimismo, en lo que se refiere al consumo de agua, es posible constatar, de los recibos por suministro (...), correspondientes al año 2016, en cuatro de los seis recibos el consumo de agua doméstica de la vivienda es " 0", y en los otros dos, de "3" y " 1", respectivamente, lo que implica la inexistencia del consumo necesario de agua doméstica para un vivienda ocupada de forma habitual.

Este criterio se sigue también por otros Tribunales Superiores de Justicia, en concreto:

- Sentencia del TSJ de Aragón, de 13 de diciembre de 2023 (Rec. 373/2018), donde dice:

Tanto la oficina gestora como la resolución impugnada, y así se refleja en esta última, refieren que el nivel de consumos es determinante para valorar el carácter de utilización del inmueble, criterio que ha sido seguido por la esta Sala y Sección (sentencias de 6 de marzo de 2020 y 27 de octubre de 2021, entre otras) al entender que los escasos consumos de electricidad y la falta de suficiente material probatorio, impide considerar el carácter habitual de la vivienda.....

La Sala, atendidos los datos obrantes en el expediente, comparte la valoración del TEARA que se fundamenta en datos objetivos de consumo vinculado a una ocupación real y efectiva de la vivienda de los que cabe destacar el escaso y limitado consumo de electricidad y de agua respecto a los datos medios indicados por el INE, que resulta expresivo de la no ocupación regular, mínimamente continuada y duradera, de la vivienda

- Del TSJ de Madrid, entre otras, dos sentencias de 27 de octubre de 2021 (rec. 1728/2019 y rec. 707/2019), cuando concluyen que los datos sobre el consumo de energía eléctrica, notoriamente bajos, no sostienen la veracidad de la residencia habitual del recurrente en la vivienda y que los documentos presentados carecen de la entidad necesaria para enervar la realidad de los exiguos consumos eléctricos de la vivienda, de los que únicamente cabe inferir, de forma lógica y racional, que nadie reside allí de manera continuada y permanente o, cuando menos, existen dudas al respecto.

- Del TSJ de la Comunidad Valenciana, en sentencias de 23 de julio de 2021 (rec. 185/2020 y rec. 1156/2020) concluyen que resulta difícil de creer que pueda considerarse como residencia habitual un inmueble con el escasísimo consumo eléctrico acreditado, rechazando alegaciones similares a las de la actora, acerca de horarios laborales y ayuda de la familia, cuando estamos ante consumos mínimos incompatibles con una residencia habitual, partiendo de los datos suministrados por el Ministerio de Industria, Energía y Turismo.

- De l TSJ Castilla y León (sede de Valladolid), en la sentencia de 7 de junio de 2021 (rec. 453/2020), cuando razona que el reducido uso de la energía eléctrica, incluso atendiendo a las circunstancias personales y laborales alegadas no es realmente compatible con considerar un inmueble como una vivienda habitual. Asimismo, que el certificado de empadronamiento, la tarjeta sanitaria, el Alta de autónomo o cualquier otro documento similar, lo único que acreditan es que el interesado ha señalado o indicado ese domicilio como el suyo, pero no acreditan que en autenticidad sea ocupado, pues "Lo que de verdad despeja las dudas sobre la efectividad de la ocupación son los consumos de energía y agua, que como tales, son imprescindibles e indispensables para la vida diaria."».

CUESTIÓN

Un contribuyente hereda la que era vivienda habitual de su padre y decide venderla para invertir lo obtenido en la hipoteca de la vivienda en la que reside. ¿Puede considerar que con la vivienda se hereda también el derecho a considerarla como vivienda habitual?

No, y así lo ha dispuesto la DGT en su consulta vinculante (V1334-24), de 7 de junio de 2024, que en un supuesto como el expuesto en esta cuestión establece que «(...) *la vivienda a transmitir no es ni ha sido la vivienda habitual del transmitente, ni pretende serlo según se desprende de su escrito de consulta. Es por ello que la ganancia patrimonial que, en su caso, se obtenga por su venta no podrá beneficiarse de la exención citada, debiendo tributar conforme a lo anteriormente dispuesto. Todo ello sin perjuicio de que las cantidades que se destinen a reducir el préstamo hipotecario de su vivienda habitual puedan beneficiarse de la deducción por inversión en vivienda habitual, cuestión que no puede determinarse con los datos aportados».*

|| Necesidad del pleno dominio sobre la vivienda

Nuestro Alto Tribunal exige para poder aplicar la exención que durante los 3 años requeridos de residencia habitual se ostente el **pleno dominio de la misma**, y así la STS n.º 1627/2022, de 12 de diciembre, ECLI:ES:TS:2022:4569, fijó como **criterio interpretativo** el siguiente:

«La exención de la ganancia patrimonial obtenida con ocasión de la transmisión de la vivienda habitual del contribuyente, siempre que el importe total obtenido por la transmisión se reinvierta en la adquisición de una nueva vivienda habitual, regulada en el art. 38 de la LIRPF, requiere que la **vivienda transmitida haya constituido su residencia habitual durante el plazo continuado de, al menos, tres años continuados** y que **haya ostentando durante dicho periodo el pleno dominio de la misma**, sin que la nuda propiedad resulte título suficiente a tales efectos».

En el mismo sentido, también el Tribunal Superior de Justicia de Castilla-La Mancha en su sentencia n.º 555/2024, de 26 de julio, ECLI:ES:TS-JM:2024:9789, recoge «La normativa tributaria, a efectos de la exención por reinversión, no recoge la posibilidad de que puedan acogerse a este beneficio fiscal adquisiciones o enajenaciones de la nuda propiedad separada del usufructo, y viceversa, de la misma manera que tampoco puede entenderse que el periodo de tres años exigido para considerar la vivienda enajenada como la habitual pueda ser en concepto distinto del de propietario de pleno dominio, ya que de lo contrario, de admitirse reinversiones con periodos en los que el reinversor hubiese sido nudo propietario o usufructuario, la normativa tributaria así lo habría reconocido también de forma expresa».

En esta postura de exigir el pleno dominio también se encuentra la resolución del TEAC n.º 6133/2022, de 24 de julio de 2023, en la que se analiza un supuesto en que la vivienda había sido ocupada en concepto de precario, y no de propietario, ante lo cual concluye: «(...) el precario supone una utilización ajena sin título, o en virtud de título nulo o que haya perdido validez, sin que medie renta o cualquier otra contraprestación. En consecuencia, **la institución jurídica del precario, no debe en ningún caso computarse a efectos del plazo legal mínimo exigido** por el artículo 41 bis del RIRPF de tres años de residencia continuada en la vivienda, para considerarla como habitual, sino **que sólo debe computarse la posesión que se realiza en concepto de pleno dominio».**

CUESTIÓN

Si un contribuyente ostenta el 50 % de un inmueble desde hace más de tres años y el otro 50 % lo adquiere en el último año, ¿puede considerarse vivienda habitual si residía en ella desde hace más de 3 años o habría que empezar a contar el plazo desde que adquirió el 100 % de la plena propiedad?

A esta cuestión da respuesta el **TEAC en su resolución n.º 6331/2013, de 10 de septiembre de 2015**, en la que fija como criterio que: «(...) a efectos de los beneficios fiscales relacionados con la vivienda habitual, en los supuestos de adquisición de la propiedad en pro indiviso, habiendo el obligado tributario residido ininterrumpidamente en la vivienda desde su adquisición, para el cómputo del plazo de tres años para determinar si el inmueble tiene o no la consideración de vivienda habitual, ha de estarse a la fecha en que se produjo la adquisición de la cuota indivisa, sin tener a estos efectos trascendencia la fecha en que se adquirió la cuota restante hasta completar el 100 por 100 del dominio de la cosa común con motivo de la división de la cosa común, la disolución de la sociedad de gananciales, la extinción del régimen económico matrimonial de participación o la disolución de comunidades de bienes o separación de comuneros».

La habitualidad de la vivienda adquirida o rehabilitada a efectos de la exención por reinversión en vivienda habitual en el IRPF

El RIRPF también regula en su artículo 41 bis los requisitos exigidos para que la nueva vivienda adquirida o rehabitada pueda considerarse vivienda habitual. En su apartado segundo se dispone:

«Para que la vivienda constituya la residencia habitual del contribuyente debe ser habitada de manera efectiva y con carácter permanente por el propio contribuyente, en un plazo de doce meses, contados a partir de la fecha de adquisición o terminación de las obras.

No obstante, se entenderá que la vivienda no pierde el carácter de habitual cuando se produzcan las siguientes circunstancias:

Cuando se produzca el fallecimiento del contribuyente o concurran otras circunstancias que necesariamente impidan la ocupación de la vivienda, en los términos previstos en el apartado 1 de este artículo.

Cuando éste disfrute de vivienda habitual por razón de cargo o empleo y la vivienda adquirida no sea objeto de utilización, en cuyo caso el plazo antes indicado comenzará a contarse a partir de la fecha del cese.

Cuando la vivienda hubiera sido habitada de manera efectiva y permanente por el contribuyente en el plazo de doce meses, contados a partir de la fecha de adquisición o terminación de las obras, el plazo de tres años previsto en el apartado anterior se computará desde esta última fecha».

Es decir, podríamos afirmar que los principales factores a tener en cuenta con relación a la vivienda adquirida son:

– La reinversión debe realizarse en la compra de una vivienda o en su rehabilitación.

– Para considerar la nueva vivienda como habitual, la residencia del contribuyente debe ser **habitada de manera efectiva y con carácter permanente por el propio contribuyente durante un plazo continuado de, al menos, tres años**; salvo que concurra alguna de las circunstancias indicadas en la norma.

– Esta nueva vivienda tiene que constituir la residencia habitual del contribuyente en un plazo máximo de 12 meses. El plazo comenzará a contar a partir de la fecha en la que se adquirió el inmueble o de la fecha en que finalizaron las obras. Cuando **el contribuyente comience a residir en la nueva vivienda en estos 12 meses**, el plazo de los 3 años comenzará a contarse desde la adquisición o terminación de las obras.

– Si la fecha de inicio, como residencia habitual, fuese **posterior al transcurso de dichos doce meses**, para alcanzar la consideración de vivienda habitual habrán de transcurrir, al menos, tres años desde esa fecha de inicio [consulta vinculante de la DGT (V0719-24), de 16 de abril de 2024].

CUESTIÓN

Si adquiero la vivienda con anterioridad a la venta, ¿puedo aplicar igualmente la exención por reinversión?

Sí, siempre y cuando la adquisición se haya producido en los dos años anteriores a la venta. El último párrafo del apartado tercero del art. 41 del RIRPF reconoce expresamente esta posibilidad al disponer que: «Igualmente darán derecho a la exención por reinversión las cantidades obtenidas en la enajenación que se destinen a satisfacer el precio de una nueva vivienda habitual que se hubiera adquirido en el plazo de los dos años anteriores a la transmisión de aquélla». En este sentido podemos citar la **consulta vinculante de la DGT (V1344-23), de 22 de mayo de 2023**, en la que se recoge que: «(...) siempre que la nueva vivienda habitual del consultante se adquiera en el plazo de dos años anteriores a la venta de su anterior vivienda habitual, se cumplirá el requisito relativo al plazo para su adquisición (...)».

El RIRPF recoge distintos supuestos que no conllevan la pérdida del carácter de habitual de la vivienda a efectos de la exención por reinversión:

– El fallecimiento del contribuyente.

– Otras circunstancias que necesariamente impidan la ocupación de la vivienda (tales como celebración de matrimonio, separación matrimonial, traslado laboral, obtención del primer empleo, o cambio de empleo, u otras análogas justificadas). Hay que valorar que estas circunstancias no se aplican de manera automática, sino que deben tenerse en cuenta las circunstancias del caso concreto, ya que se exige que las circunstancias mentadas en el art. 41 bis del RIRPF concurran con algún otro hecho que exija el cambio, más allá de la mera voluntad o conveniencia del contribuyente [consulta vinculante de la DGT (V1902-22) de 7 de septiembre de 2022].

– Cuando el contribuyente a causa de su cargo o empleo disfrute de otra vivienda habitual y la vivienda adquirida no sea objeto de utilización.

CUESTIONES

1. En el caso de que por razón de su empleo el contribuyente disfrute de otra vivienda, ¿cuándo comenzará a contarse el plazo de los tres años?

En estos casos el plazo comenzará a partir de la fecha de cese.

2. ¿Cualquier cambio de empleo puede justificar la excepción al plazo de 3 años en la exención por reinversión en vivienda habitual?

No, hay que valorar la necesidad del cambio de domicilio en el caso concreto. En este sentido podemos citar como ejemplo la consulta vinculante de la DGT (V0292-23), de 15 de febrero de 2023, en la que se recoge que «(...) *El cambio laboral es una de las circunstancias contempladas específicamente por la normativa del Impuesto entre aquéllas que pudieran exigir necesariamente el cambio de domicilio, sin que dicho cambio laboral implique en todos los supuestos la exigencia de cambiar de domicilio. Para valorar la necesidad del cambio, este Centro Directivo viene manifestando que, habrá que considerar, entre otras, la distancia geográfica entre las diversas localidades implicadas en dicho cambio; en definitiva*, se necesita la concurrencia con alguna otra circunstancia que exija el cambio de domicilio por encima de la mera voluntad o conveniencia del contribuyente».

La consulta vinculante de la Dirección General de Tributos (V1394-24), de 12 de junio de 2024, se pronuncia acerca de los requisitos exigidos para considerar la vivienda adquirida como habitual, y la interpretación que debe realizarse de la necesidad que impida la ocupación de la vivienda en los siguientes términos:

«Respecto a lo anterior, para que la nueva vivienda alcance la consideración de habitual, a los efectos de no incurrir en un incumplimiento que motive el sometimiento a gravamen de la ganancia patrimonial obtenida con la venta de su anterior vivienda habitual, es preciso que haya residido en ella durante un plazo continuado de, al menos, tres años salvo que concurra alguna de las circunstancias necesarias mencionadas anteriormente.

En este sentido y de la redacción del artículo 41bis se desprende que, salvo en el **caso de fallecimiento, en el que la exención opera de forma automática**, ante la concurrencia de concretas circunstancias, estas han de exigir "necesariamente" el cambio de domicilio o el no poder llegar a ocupar la vivienda adquirida, según proceda. Teniendo que existir una relación directa entre la causa y el efecto. Señalar que, la LIRPF cita también como circunstancia la obtención de "empleo más ventajoso" (disposición adicional vigésima tercera).

La expresión reglamentaria "**circunstancias que necesariamente exijan el cambio de domicilio**" comporta una **obligatoriedad en dicho cambio**. El término "necesariamente" es un adverbio de modo que, de acuerdo con el Diccionario de la Real Academia, significa "con o por necesidad o precisión". A su vez, el término "necesidad" puede indicar todo aquello a lo que es imposible substraerse, faltar o resistir. Aún es más esclarecedor el sustantivo "precisión", incluido en la definición de "necesariamente", pues supone obligación o necesidad indispensable que fuerza y precisa a ejecutar una cosa. Por último, confirma lo anterior una de las definiciones de "necesario": dícese de lo que se hace y ejecuta obligado de otra cosa, como opuesto a voluntario y espontáneo.

En consecuencia, la aplicación de esta norma requiere plantearse si ante una determinada situación, cambiar de domicilio es una opción para el contribuyente o queda al margen de su voluntad o conveniencia; es decir, que el hecho de que concurra una de las circunstancias enumeradas u otras análogas no es determinante por sí solo, ni supone sin más, una excepción a la exigencia del plazo general de residencia efectiva durante tres años. En el primero de los casos, es decir, si el contribuyente mantiene la posibilidad de elegir, no se estará en presencia de una circunstancia que permita excepcionar el plazo de tres años, y por tanto, si el contribuyente decide cambiar de domicilio, no por ello la vivienda alcanzará la consideración de habitual. En la misma línea, puede afirmarse que si se prueba la concurrencia de circunstancias análogas a las enumeradas por la normativa se podrá excepcionar el plazo de tres años, siempre que las mismas exijan también el cambio de domicilio».

CUESTIÓN

¿Quién debe valorar si estamos ante una circunstancia que implique el cambio de residencia necesariamente?

Tal y como se puede leer en la **consulta vinculante de la DGT (V1360-24), de 10 de junio**, salvo en caso de fallecimiento, en el que la exención opera automáticamente, la necesidad debe de valorarse atendiendo a las circunstancias concretas que concurren en cada caso, y el encargado de efectuar dicha valoración será el órgano de gestión e inspección de la Administración tributaria, añadiendo:

«Si el consultante considerara la circunstancia como necesaria, tomando la acción de cambiar de residencia, deberá justificarla suficientemente por cualquier medio de prueba admitido en Derecho, según dispone el artículo 106 de la Ley General Tributaria (Ley 58/2003, de 17 de diciembre –BOE del 18–), ante los órganos mencionados, a quienes corresponderá valorar las pruebas, a requerimiento de los mismos, siendo éste el momento, y no otro anterior, de aportar las pruebas que estimen oportunas.

De entenderse circunstancia necesaria, el hecho de abandonar la vivienda adquirida antes de haber residido en ella por un plazo continuado de, al menos, tres años, no conllevaría la pérdida de su consideración de vivienda habitual; por lo que mantendría el derecho a la exención ya aplicada por la vivienda enajenada con anterioridad, sin que deba proceder a la regularización de su situación.

De no entenderse circunstancia necesaria, se producirá incumplimiento de las condiciones exigidas que determinará el sometimiento a gravamen de la ganancia patrimonial correspondiente por la venta de su anterior vivienda habitual. En tal caso, el contribuyente imputará "la parte de la ganancia patrimonial no exenta al año de su obtención, practicando autoliquidación complementaria, con inclusión de los intereses de demora, y se presentará en el plazo que medie entre la fecha en que se produzca el incumplimiento y la finalización del plazo reglamentario de declaración correspondiente al período impositivo en que se produzca dicho incumplimiento".

Por tanto, el incumplimiento de las condiciones exigidas —en este caso el plazo de tres años de residencia—comportaría presentar en su momento una autoliquidación complementaria del período impositivo en el que se obtuvo la ganancia patrimonial, autoliquidación que incorporará la ganancia patrimonial no exenta y los intereses de demora, aplicados sobre la cuota a ingresar, al tipo o tipos vigentes durante el tiempo

> *transcurrido desde la finalización del plazo de presentación de declaración del perío-*
> *do impositivo correspondiente hasta la fecha de la regularización. La referida autoli-*
> *quidación complementaria se presentará en el plazo que medie entre la fecha en que*
> *se produzca el incumplimiento y la finalización del plazo reglamentario de declaración*
> *correspondiente al período impositivo en que se produzca dicho incumplimiento».*

Si bien en un principio el Tribunal Económico-Administrativo Central estimaba que la adquisición de nueva vivienda debía entenderse como una adquisición jurídica, no siendo asimilables otras situaciones como la construcción y la ampliación, este criterio ha sido superado a raíz de distintos pronunciamientos del Tribunal Supremo. En concreto podemos citar la **sentencia n.º 211/2021, de 17 de febrero, ECLI:ES:TS:2021:663**, en la que la Sala recoge que «(...) la norma no exige que en el plazo de dos años se produzca la adquisición jurídica (título y modo) de la nueva vivienda habitual, sino exclusivamente que en dicho plazo se "reinvierta el importe obtenido en la enajenación"», o **la sentencia n.º 231/2022, de 23 de febrero, ECLI:ES:TS:2022:773** que fija como **doctrina** que «(...) sí se encuentra excluida de gravamen en IRPF la ganancia patrimonial obtenida por la transmisión de la vivienda habitual del contribuyente cuando el importe total obtenido se reinvierta en el plazo de dos años en la adquisición de una nueva vivienda habitual, aunque dicha adquisición se formalice una vez transcurrido ese plazo».

A modo de conclusión podemos resaltar que **para que una vivienda se considere habitual a efectos de aplicar la exención por reinversión en vivienda habitual**, deben cumplirse los siguientes **requisitos**:

- Residencia continuada: la vivienda debe haber constituido la residencia del contribuyente durante un plazo continuado de al menos tres años.
- Pleno dominio: el contribuyente debe haber ostentado el pleno dominio de la vivienda durante ese período.
- Circunstancias excepcionales: en caso de no cumplir con el plazo de tres años, se considerará habitual si se producen circunstancias excepcionales como fallecimiento, matrimonio, separación, traslado laboral, entre otras.

2.2. El importe que se ha de reinvertir (reinversión total o parcial)

Uno de los requisitos exigidos legalmente para poder aplicar la exención por reinversión en vivienda habitual es reinvertir la ganancia patrimonial obtenida con la venta en la adquisición de otra vivienda habitual.

CUESTIÓN

¿Qué se entiende por reinversión?

En palabras del Tribunal Supremo, en su sentencia n.º 961/2021, de 5 de julio, ECLI:ES:TS:2021:2990, podemos afirmar que «(...) por reinversión debe entenderse un acto negocial jurídico económico, dándose la realidad del mismo y cumpliéndose con los períodos establecidos por ley y siempre con independencia de los pagos monetarios del crédito/préstamos/deuda hipotecaria asumida en la nueva adquisición».

Esta reinversión puede ser total o parcial en función de la cantidad dedicada a la nueva vivienda.

Así, cabe destacar que el apartado primero del artículo 38 de la LIRPF establece en su párrafo segundo:

«Cuando el importe reinvertido sea inferior al total de lo percibido en la transmisión, únicamente se excluirá de tributación la parte proporcional de la ganancia patrimonial obtenida que corresponda a la cantidad reinvertida».

Y, en la misma línea, el apartado cuarto del art. 41 del RIRPF dispone:

«En el caso de que el importe de la reinversión fuera inferior al total obtenido en la enajenación, solamente se excluirá de gravamen la parte proporcional de la ganancia patrimonial que corresponda a la cantidad efectivamente invertida en las condiciones de este artículo».

Tal y como se recoge en la sentencia del Tribunal Supremo n.º 961/2021, de 5 de julio, ECLI:ES:TS:2021:2990, «(…) estos preceptos legales y reglamentarios permiten apreciar que las ganancias patrimoniales obtenidas en la venta de la vivienda habitual de un contribuyente pueden resultar exentas, cuando el importe total obtenido por la transmisión se reinvierta en la adquisición de otra vivienda habitual. En el caso de que el importe de la reinversión fuera inferior al total obtenido en la enajenación, solamente se excluirá de gravamen la parte proporcional de la ganancia patrimonial que corresponda a la cantidad efectivamente reinvertida. Sin embargo, en los supuestos de que para adquirir la vivienda transmitida un contribuyente hubiera utilizado financiación ajena, se considerará exclusivamente a estos efectos, como importe total obtenido en la transmisión el valor de transmisión menos el principal del préstamo pendiente de amortizar».

En consecuencia, podemos afirmar que existen dos tipos de reinversión:

– **La reinversión total.** Para que la exención sea completa, el contribuyente **debe reinvertir el importe total obtenido por la venta** de la vivienda habitual en la adquisición de una nueva vivienda habitual. Esto incluye tanto el precio de venta como cualquier financiación ajena utilizada para la compra de la vivienda transmitida, siempre que se haya amortizado antes de la transmisión.

– **La reinversión parcial.** En caso de reinversión parcial, **solo se eximirá de tributación la parte proporcional de la ganancia patrimonial correspondiente a la cantidad reinvertida.** Por ejemplo, si se vende una vivienda por 200.000 euros y solo se reinvierten 100.000 euros en una nueva vivienda, solo el 50 % de la ganancia patrimonial estará exenta de tributación. La Dirección General de Tributos, en su consulta vinculante (V1471-22), de 21 de junio de 2022, señala que «(…) en caso de reinversión parcial, tal y como plantea en su escrito, se debe indicar que, conforme al artículo 41.4 del RIRPF solamente se excluirá de gravamen la parte proporcional de la ganancia patrimonial que corresponda a la cantidad efectivamente invertida en las condiciones de dicho artículo».

La **STS n.º 961/2021, de 5 de julio, ECLI:ES:TS:2021:2990**, ha fijado doctrina en el siguiente sentido:

> «"Para aplicar la exención por reinversión regulada en el artículo 36 del TRLIRPF de 2004, y en el 39.1 Reglamento del Impuesto-Real Decreto 1775/2004, de 30 de julio, para aplicar la exención por reinversión regulada en el artículo 36 del TRLIRPF de 2004, y en el 39.1 Reglamento del Impuesto-Real Decreto 1775/2004, de 30 de julio-, **no resulta preciso emplear en su totalidad el dinero obtenido de la venta** de la anterior vivienda siendo **suficiente con aplicar para el mismo fin dinero tomado a préstamo de un tercero,** ya sea directamente o bien como consecuencia de la subrogación en un préstamo previamente contratado por el transmitente del inmueble es suficiente con aplicar para el mismo fin dinero tomado a préstamo de un tercero, ya sea directamente o bien como consecuencia de la subrogación en un préstamo previamente contratado por el transmitente del inmueble"».

También la Dirección General de Tributos en su consulta vinculante (V1344-23), de 22 de mayo de 2023, reconoce la posibilidad de reinversión parcial, afirmando que «(...) si el consultante reinvierte la totalidad del importe obtenido en la adquisición de su nueva vivienda habitual, quedará exenta la totalidad de la ganancia patrimonial generada en la venta. Por el contrario, en caso de que el importe de la reinversión fuera inferior al total obtenido en la enajenación, solamente se excluirá de gravamen la parte proporcional de la ganancia patrimonial que se corresponda con la cantidad que efectivamente reinvierta en la nueva vivienda habitual, en las condiciones y demás requisitos exigidos para la exoneración por la normativa del Impuesto».

Es importante destacar que **no se exige que el dinero obtenido específicamente en la transmisión sea el mismo que se reinvierte en la nueva compra.** Así, resulta relevante la resolución del Tribunal Económico-Administrativo Central n.º 2463/2013, de 11 de septiembre de 2014, en la que se resuelve sobre un recurso presentado por la Directora del Departamento de Gestión Tributaria de la Agencia Estatal de Administración Tributaria solicitando que no tengan «(...) la consideración de importe reinvertido en la adquisición de la nueva vivienda habitual del obligado tributario, las cantidades que ya se encontraban a su disposición con anterioridad a la transmisión de su antigua vivienda habitual. Por excepción, sí podrá tener la consideración de importe reinvertido aquél que, derivado de la transmisión de la antigua vivienda, destine el obligado tributario a reducir la deuda generada por la adquisición de la nueva como consecuencia de haber empleado para ello financiación ajena». Sin embargo, el TEAC confirma la resolución recurrida por entender que el requisito que exige destinar las cantidades obtenidas en la venta a satisfacer el precio de una nueva vivienda habitual se refiere al hecho de reinvertir un importe igual, pero no necesariamente los mismos fondos:

> «Este Tribunal Central comparte las conclusiones expuestas en la Sentencia del Tribunal Superior de Justicia de Cataluña, estimando que la reinversión a la que se condiciona esta exención **no supone invertir en la nueva vivienda exactamente el dinero obtenido específica y directamente en la transmisión de la antigua vivienda habitual,** y ello por diferentes

razones. En primer término, porque ni la Ley ni el Reglamento exigen esta identidad total y absoluta entre las cantidades percibidas en contraprestación por la transmisión y las entregadas en concepto de reinversión por la previa compra, lo que dejaría prácticamente vacío de contenido el precepto. En segundo término, porque el dinero es un bien fungible. Lo que a juicio de este Tribunal Central quiere beneficiar la normativa del Impuesto, a través de esta exención, es que el obligado tributario invierta en el plazo de dos años, posteriores o anteriores a la venta, una cuantía equivalente al importe total obtenido por la transmisión, lo que daría lugar a una total exención de la ganancia, o en su caso a una exención parcial en proporción a los importes reinvertidos dentro de dicho plazo de dos años».

Este mismo criterio es el mantenido por la Dirección General de Tributos, por ejemplo, en **su consulta vinculante (V1344-23)**, de 22 de mayo de 2023, en la que reitera el criterio del TEAC en los siguientes términos:

«En este sentido, debe mencionarse la resolución del Tribunal Económico-Administrativo Central de fecha 11 de septiembre de 2014 dictada en unificación de criterio, en la que, en un supuesto, como el planteado, en el que la nueva vivienda habitual se ha adquirido dentro de los dos años anteriores a la transmisión de la anterior vivienda habitual, el Tribunal sostiene que para la aplicación de la exención, se requiere que el contribuyente invierta en el plazo de dos años, posteriores o anteriores a la venta, una cuantía equivalente al importe total obtenido por la transmisión. Es decir, **no es preciso que los fondos obtenidos por la transmisión de la primera vivienda habitual sean directa, material y específicamente los mismos que los empleados para satisfacer el pago de la nueva**, por lo que no debe distinguirse entre que el importe invertido en la nueva vivienda estuviese a disposición del obligado tributario con anterioridad a la transmisión de la antigua o hubiese sido obtenido por causa de esa transmisión».

Especial referencia al supuesto de utilización de financiación ajena

Otro factor que hay que valorar sería aquel supuesto en el que el contribuyente ha utilizado **financiación ajena para poder comprar la vivienda transmitid**a. En estos casos, a los efectos de la exención por reinversión en vivienda habitual, se entenderá que **el importe total obtenido por la venta es el valor de transmisión menos el principal del préstamo pendiente de amortizar en el momento de la transmisión** (art. 41 del RIRPF). A pesar de que parte del importe obtenido con la transmisión se dedique a la amortización de la cantidad del préstamo que estuviese pendiente, no se considera este hecho como justificante de que la reinversión sea parcial. En este sentido la consulta vinculante de la Dirección General de Tributos (V-0936-23), de 20 de abril de 2023, reitera:

«De acuerdo con el precepto anterior, a efectos de la exención, el importe a reinvertir será el importe total obtenido en la transmisión, considerando como tal, el importe resultante de minorar el valor de transmisión de la vivienda en el principal del préstamo que se encuentre pendiente de amortizar en el momento de la transmisión».

También con relación a la financiación ajena, pero en este caso **para adquirir la nueva vivienda**, se han pronunciado la sentencia del Tribunal Supremo n.º 1239/2020, de 1 de octubre, ECLI:ES:TS:2020:3049, o la sentencia del Tribunal Supremo n.º 961/2021, de 5 de julio, ECLI:ES:TS:2021:2990, en la que la Sala afirma que «Ni del artículo 36 Real Decreto Legislativo 3/2004 ni del artículo 39 RD1775/2004 se desprende que deba existir una correlación financiera entre la cantidad obtenida por la venta de la vivienda transmitida y la cantidad reinvertida en la nueva vivienda habitual. Y tampoco que no deba considerarse el importe de la financiación ajena solicitada para la compra de la nueva vivienda como cuantía equivalente al importe obtenido por la vivienda transmitida»; fijando en consecuencia la siguiente **doctrina**:

> «Para aplicar la exención por reinversión regulada en el artículo 36 del TRLIRPF de 2004, y en el 39.1 Reglamento del Impuesto -Real Decreto 1775/2004, de 30 de julio, para aplicar la exención por reinversión regulada en el artículo 36 del TRLIRPF de 2004, y en el 39.1 Reglamento del Impuesto -Real Decreto 1775/2004, de 30 de julio-, **no resulta preciso emplear en su totalidad el dinero obtenido de la venta de la anterior vivienda siendo suficiente con aplicar para el mismo fin dinero tomado a préstamo de un tercero,** ya sea directamente o bien como consecuencia de la subrogación en un préstamo previamente contratado por el transmitente del inmueble es suficiente con aplicar para el mismo fin dinero tomado a préstamo de un tercero, ya sea directamente o bien como consecuencia de la subrogación en un préstamo previamente contratado por el transmitente del inmueble».

En la misma línea, y siguiendo lo dispuesto en las mentadas sentencias, el Tribunal Supremo, en su sentencia n.º 508/2022, de 29 de abril, ECLI:ES:TS:2022:1810, también ha fijado la siguiente **doctrina**:

> «(...) a efectos de aplicar la exención por reinversión en la adquisición de vivienda habitual en el IRPF, cuando el dinero empleado a tal fin proceda del préstamo concedido por un tercero, ya sea directamente o bien como consecuencia de la subrogación en un préstamo previamente contratado por el transmitente del inmueble, **se debe considerar que la cantidad reinvertida no es** únicamente **la desembolsada de forma efectiva en el plazo de dos años exigible para materializar la reinversión, sino que también, puede extenderse a las cantidades del préstamo amortizadas con posterioridad**».

Aplicando esta doctrina, la consulta vinculante de la Dirección General de Tributos (V0785-22), de 11 de abril de 2022, ha señalado que «(...) por importe reinvertido debe considerarse la totalidad del valor de adquisición satisfecho por la nueva vivienda (en la parte que se corresponda con el porcentaje que adquiera el consultante) dentro del plazo de los dos años anteriores o posteriores a la transmisión, con independencia de que el mismo se haya financiado con cantidades obtenidas por un préstamo hipotecario, o con cantidades procedentes de los fondos propios del consultante».

Asimismo, a modo de resumen, podemos citar la consulta vinculante de la Dirección General de Tributos (V1376-18), de 24 de mayo de 2018:

> «Por tanto, en cuanto a su consulta sobre el importe que se debe reinvertir, de acuerdo con el artículo 41.1 del RIRPF, será el **valor de transmi-**

sión, esto es, el **precio de venta minorado en los gastos inherentes a la transmisión** que hubieran sido satisfechos por el vendedor (artículo 35.2 de la LIRPF). Sin embargo, en caso de que dicha vivienda se hubiese adquirido utilizando **financiación ajena**, el importe que se considera a estos efectos, será la diferencia entre el importe de la transmisión y el principal del préstamo pendiente de amortizar en el momento de la referida transmisión. Asimismo, debe mencionarse que se admite la **reinversión parcial**, en cuyo caso se exonera la ganancia patrimonial producida en la parte proporcional al importe que se ha reinvertido.

Por último, debe señalarse que únicamente puede aplicarse la exención respecto de las cantidades que se reinviertan en la adquisición de la nueva vivienda habitual, y no en la realización de obras de reforma en la misma, que no tengan la consideración de rehabilitación en los términos señalados en el artículo 41.1 del RIRPF».

CUESTIONES

1. Cuando se vende una vivienda habitual con un préstamo hipotecario ¿cómo se calcula la ganancia patrimonial en el IRPF?, ¿puede considerarse el importe del préstamo pendiente de amortizar como menor valor de transmisión?

Siguiendo lo dispuesto en la consulta vinculante de la DGT (V0815-24), de 22 de abril de 2024, hay que valorar dos aspectos:

- La venta de la vivienda genera una ganancia patrimonial cuyo importe será la diferencia entre los valores de transmisión y de adquisición, determinados en la forma prevista en los artículos 35 y 36 de la LIRPF, para las transmisiones onerosas o lucrativas, respectivamente.

El mentado art. 35 de la LIRPF dispone:

«1. El valor de adquisición estará formado por la suma de:

a) El importe real por el que dicha adquisición se hubiera efectuado.

b) El coste de las inversiones y mejoras efectuadas en los bienes adquiridos y los gastos y tributos inherentes a la adquisición, excluidos los intereses, que hubieran sido satisfechos por el adquirente.

En las condiciones que reglamentariamente se determinen, este valor se minorará en el importe de las amortizaciones.

2. El valor de transmisión será el importe real por el que la enajenación se hubiese efectuado. De este valor se deducirán los gastos y tributos a que se refiere la letra b) del apartado 1 en cuanto resulten satisfechos por el transmitente.

Por importe real del valor de enajenación se tomará el efectivamente satisfecho, siempre que no resulte inferior al normal de mercado, en cuyo caso prevalecerá éste».

En este sentido, hay que tener en cuenta que por gastos inherentes a las operaciones de adquisición y transmisión se entienden aquellos correspondientes a actuaciones directamente relacionadas con la compra y la venta del inmueble. Tal y como recoge la Dirección General de Tributos, entre dichos gastos «(...) no se encontrará en ningún caso la amortización del crédito hipotecario que grava el inmueble transmitido al no corresponderse con actuaciones directamente relacionadas con la venta del inmueble».

- Con relación al cálculo del importe reinvertido a efectos de aplicar la exención, añade la señalada consulta vinculante:

«En el presente caso, en la medida que señala el consultante que sobre la vivienda transmitida se encontraba pendiente de amortizar un préstamo en el momento de la venta, habría que calcular previamente el importe total obtenido de la forma que señala el apartado 1 del artículo 41 del RIRPF; una vez calculado este, a efectos de la exención por reinversión en vivienda en construcción se considerará importe reinvertido la totalidad de los pagos que se hayan realizado dentro del plazo de los dos años anteriores o posteriores a dicha transmisión. Por lo tanto, si el importe reinvertido resulta inferior al total obtenido en la enajenación, solamente se excluirá de gravamen la parte proporcional de la ganancia patrimonial que corresponda a la cantidad efectivamente invertida en las condiciones señaladas».

2. «X» vende su vivienda habitual por 250.000 euros, habiéndola comprado en su momento por 180.000 (impuestos y gastos incluidos). Es decir, vende por 70.000 euros más que cuando compró. «X» ha decidido reinvertir 220.000 euros en una nueva vivienda. ¿Puede aplicar la exención del IRPF por reinversión en vivienda habitual?

Sí, podría aplicar la exención a la parte proporcional de la ganancia patrimonial correspondiente a la cantidad reinvertida (siempre que se cumplan los demás requisitos para ello). Es decir, si hubiese reinvertido la totalidad de lo obtenido (250.000 euros), podría aplicar la exención al total de la ganancia patrimonial, pero al invertir en la nueva adquisición de la vivienda habitual solamente 220.000 euros, únicamente podría aplicar la exención a la parte correspondiente a lo efectivamente reinvertido, esto es, 61.600 euros:

– Vivienda transmitida: se compró por 180.000 euros.

– Cantidad exenta: 61.600 euros [(220.000 x 70.000) / 250.000].

– Esta vivienda se vende por 250.000 euros.

– La ganancia patrimonial asciende a 70.000 euros.

– Cantidad reinvertida: 220.000 euros.

3. Un contribuyente ha vendido su vivienda habitual por 190.000 euros. Esta vivienda había sido adquirida por 160.000 euros, gastos e impuestos incluidos. Para la compra de dicha vivienda se solicitó un préstamo hipotecario del que quedaban pendientes de abonar 20.000 euros en el momento de la venta. Un año después el contribuyente ha adquirido una nueva vivienda habitual por valor de 170.000 euros. ¿Qué cantidad se encuentra exenta por reinversión?

En este caso se encontraría exenta la totalidad de la ganancia patrimonial obtenida con la venta:

– Vivienda transmitida: se compró por 160.000 euros.

– Esta vivienda se vende por 190.000 euros.

– La ganancia patrimonial asciende a 30.000 euros (190.000 – 160.000).

– Cantidad reinvertida: 170.000 euros.

– Ganancia patrimonial exenta por reinversión: 30.000 euros.

– Ganancia patrimonial sujeta a gravamen: 0 euros.

Hay que tener en cuenta que al existir un préstamo hipotecario sobre la vivienda transmitida el importe que se debe reinvertir para obtener la exención total de la ganancia patrimonial obtenida es la diferencia entre el valor por el que se vendió la vivienda (190.000 euros) y la cantidad que se destinó a la amortización del préstamo pendiente (20.000 euros), es decir, 170.000 euros. Como en el caso efectivamente se reinvirtieron los 170.000 euros, se encontraría exenta toda la ganancia patrimonial obtenida.

2.3. El plazo para la reinversión

El plazo en el que debe realizarse la reinversión se establece en el artículo 41.3 del RIRPF el cual señala que la reinversión del importe obtenido en la enajenación deberá efectuarse en un **período no superior a dos años desde la fecha de transmisión** de la vivienda habitual. Esta reinversión podará hacerse de **una sola vez o sucesivamente.**

En particular, se entenderá que la reinversión se efectúa dentro del plazo cuando la venta de la vivienda habitual se hubiese efectuado a plazos o con precio aplazado, siempre que el importe de los plazos se destine a la finalidad indicada dentro del período impositivo en que se vayan percibiendo.

Igualmente darán derecho a la exención por reinversión las cantidades obtenidas en la enajenación que se destinen a satisfacer el precio de una nueva vivienda habitual que se hubiera adquirido en el plazo de los **dos años anteriores a la transmisión de aquella**.

> **CUESTIÓN**
>
> **Una persona ha vendido su vivienda habitual y tiene intención de formalizar un contrato de arrendamiento con opción de compra que podrá ejercitar transcurridos tres años. En este caso, ¿podría aplicarse la exención por reinversión en vivienda habitual?**
>
> No, porque habría transcurrido el plazo de 2 años en el que debe realizarse la reinversión. En este sentido se pronuncia la consulta vinculante de la Dirección General de Tributos (V-1748-24), de 16 de julio de 2024, estableciendo al respecto que «(...) Por lo tanto, habrían transcurrido tres años entre que dejó de residir en la vivienda y la transmisión de la misma. En definitiva, se incumpliría el plazo de dos años previsto en el artículo 41.bis.3 del RIRPF, no pudiendo resultar de aplicación la exención establecida en el artículo 38 de la LIRPF respecto de la ganancia patrimonial que se derive de la transmisión de la vivienda».

De lo señalado se concluye que, para poder acogerse a la exención por reinversión, la reinversión deberá producirse dentro de los **dos años posteriores o anteriores a la transmisión** de la precedente vivienda habitual. De tal forma que, si la reinversión o adquisición no se produce dentro del plazo fijado, no es posible aplicar esta exoneración, puesto que la regulación no prevé supuestos de ampliación del referido plazo.

En principio, la DGT ha señalado que el concepto de «adquisición de vivienda» debe entenderse en sentido jurídico, esto es, cuando se produce conforme con las disposiciones del Código Civil, así la consulta vinculante (V0054-24) de 14 de febrero de 2024, señala:

> «La fecha de adquisición de inmuebles se determinará de acuerdo con lo establecido en el artículo 1.462 del Código Civil, el cual dispone:
> "Se entenderá entregada la cosa vendida, cuando se ponga en poder y posesión del comprador.
> Cuando se haga la venta mediante escritura pública, el otorgamiento de ésta equivaldrá a la entrega de la cosa objeto del contrato, si de la misma escritura no resultare o se dedujere claramente lo contrario"».

A mayor ahondamiento, para determinar la fecha de adquisición, debe tenerse en consideración que el Derecho español, según el Tribunal Supremo y la opinión mayoritaria de la doctrina, recoge la teoría del título y el modo, de tal manera que "la constancia de un contrato de compraventa en documento privado no transfiere por sí sola el dominio si no se acredita la tradición de la cosa vendida" (Sentencia de 27 de abril de 1983). La tradición puede realizarse de múltiples formas, entre las que pueden citarse para los bienes inmuebles: la puesta en poder y posesión de la cosa vendida, la entrega de las llaves o de los títulos de pertenencia o el otorgamiento de escritura pública; dicho otorgamiento, conforme dispone el Código Civil, equivale a la entrega siempre y cuando de ésta no resulte o se deduzca lo contrario».

Ahora bien, el Tribunal Supremo ha afirmado que el artículo 41 del RIRPF no establece en ningún punto que la vivienda adquirida deba estar terminada o en plenas condiciones de habitabilidad o que esté habitada por el contribuyente. A estos efectos, la **STS n.º 231/2022, de 23 de febrero, ECLI:ES:TS:2022:773**, en un supuesto en el que la vivienda adquirida se encontraba en construcción, dispone:

«La interpretación de los artículos 38.1 de la Ley 35/2006, de 28 de noviembre, del Impuesto sobre la Renta de las Personas Físicas y de modificación parcial de las leyes de los Impuestos sobre Sociedades, sobre la Renta de no Residentes y sobre el Patrimonio, y 41 del Reglamento del Impuesto sobre la Renta de las Personas Físicas, aprobado por el Real Decreto 439/2007, de 30 de marzo, cuando la reinversión se materializa en una vivienda que se halla en fase de construcción, es la de que el plazo de dos años establecido reglamentariamente para reinvertir es aquel del que dispone el contribuyente, y debe contarse desde la transmisión de su vivienda, bastando a tal efecto -para dar cumplido el requisito- con que en dicho plazo reinvierta el importe correspondiente, sin necesidad de que adquiera el dominio de la nueva vivienda, mediante su entrega material, o de que la construcción de ésta haya ya concluido".

Por consiguiente, fijamos la siguiente doctrina en el presente recurso de casación: sí se encuentra excluida de gravamen en IRPF la ganancia patrimonial obtenida por la transmisión de la vivienda habitual del contribuyente cuando el importe total obtenido se reinvierta en el plazo de dos años en la adquisición de una nueva vivienda habitual, aunque dicha adquisición se formalice una vez transcurrido ese plazo».

CUESTIÓN

A los efectos de entender efectuada la adquisición, ¿es válida la compra que se realiza por documento privado?

Sí, tal como ha reconocido la STS n.º 1098/2020, de 23 de julio, ECLI:ES:TS:2020:2698, al declarar:

«No merece reparo alguno que la compraventa se refleje en un documento privado, puesto que nada dice la normativa citada acerca de que la exención por reinversión esté condicionada a que el contrato de compraventa se refleje en un documento público.

La dificultad que pudiera representar un contrato de esa naturaleza sería el derivado de la acreditación de su fecha, de ahí que, a tal fin, deba tenerse en cuenta que el artículo 1.227 del Código Civil establece que "la fecha de un documento privado no se contará con respecto de terceros sino desde el día en que hubiese sido incorporado o inscrito en un registro público, desde la muerte de cualquiera de los que lo firmaron, o desde el día en que se entregase a un funcionario público por razón de su oficio"».

Debemos hacer una especial referencia al **cómputo del plazo en el caso de que la vivienda adquirida se encuentre en construcción o que necesite ser rehabilitada**, ya que son muchas la dudas que se generan en cuanto al momento en que debe entenderse realizada la reinversión:

– **Vivienda en construcción**: en este caso, el Tribunal Supremo ha señalado en numerosas sentencias, como la STS n.º 211/2021, de 17 de febrero, ECLI:ES:TS:2021:663, que cuando la reinversión se materializa en una vivienda que se halla en fase de construcción, el plazo de dos años establecido reglamentariamente para reinvertir es aquel del que dispone el contribuyente, y **debe contarse desde la transmisión de su vivienda, bastando a tal efecto** (para dar cumplido el requisito) **con que en dicho plazo reinvierta el importe correspondiente, sin necesidad de que adquiera el dominio de la nueva vivienda**, mediante su entrega material, o de que la construcción de esta haya ya concluido. Ahora bien, la construcción sí tendrá que efectuarse dentro de determinados plazos (en principio, dentro de cuatro años a contar desde el inicio de la inversión, salvo que ese plazo se haya ampliado, tal y como se estudia en el epígrafe específicamente referido al supuesto de reinversión en construcción de nueva vivienda).

– **Vivienda que debe ser reformada**: en el supuesto de **rehabilitación** debe tenerse en cuenta que, para poder aplicar la exención por reinversión, es necesario que las obras sean **satisfechas dentro del plazo de dos años**. En este sentido se ha pronunciado la Dirección General de Tributos en la consulta vinculante (V0448-24), de 19 de marzo de 2024, en la que se establece:

«(...) únicamente se considerarán cantidades reinvertidas en la adquisición de la nueva vivienda habitual o, en su caso, en la rehabilitación de la misma, aquellas que sean satisfechas en los dos años posteriores a la transmisión de la anterior vivienda habitual. Por tanto, en respuesta a la cuestión planteada, las cantidades correspondientes a las obras de rehabilitación no satisfechas dentro de dicho plazo, no tendrán la consideración de importe reinvertido».

RESOLUCIÓN AMINISTRATIVA

Consulta vinculante de la Dirección General de Tributos (V2720-23), de 6 de octubre de 2023

Asunto: cambio de criterio en caso de reinversión en construcción futura.

«En consecuencia, la jurisprudencia establecida por el Tribunal Supremo ha llevado a modificar el criterio interpretativo que esta Dirección General había venido manteniendo al respecto y pasar a considerar que, en caso de reinversión en construcción futura debe cumplirse una doble condición:

1°) Que se aplique la totalidad del importe percibido por la venta de la anterior vivienda a la construcción de la nueva vivienda, dentro del plazo de reinversión de dos años a partir de la venta de la antigua vivienda habitual establecido en el artículo 38.1 de la LIRPF y 41 del RIRPF. En caso de reinversión parcial, conforme al artículo 41.4 del RIRPF solamente se excluirá de gravamen la parte proporcional de la ganancia patrimonial que corresponda a la cantidad efectivamente invertida en las condiciones de dicho artículo.

2°) Que la nueva vivienda se construya en los plazos establecidos en el artículo 55 del RIRPF. En consecuencia, no procederá la aplicación de la exención cuando el interesado no haya acreditado que las obras fueron finalizadas y le fueron entregadas, dentro del plazo de cuatro años reglamentariamente establecido, a contar desde el inicio de la inversión, salvo que dicho plazo se haya ampliado de conformidad con lo dispuesto en los apartados 3 y 4 del artículo 55 del RIRPF».

CUESTIÓN

¿Qué requisitos debe tener la rehabilitación para que pueda asimilarse a la adquisición?

Conforme establece el apartado 1 del art. 41 del RIRPF, para poder asimilar la rehabilitación a la adquisición a los efectos de esta exención, es necesario:

- Que se trate de actuaciones subvencionadas en materia de rehabilitación de viviendas en los términos del RD 233/2013, de 5 de abril.

- Que tengan por objeto principal la reconstrucción de la vivienda mediante la consolidación y el tratamiento de las estructuras, fachadas o cubiertas y otras análogas siempre que el coste global de las operaciones de rehabilitación exceda del 25 % del precio de adquisición si se hubiese efectuado esta durante los dos años inmediatamente anteriores al inicio de las obras de rehabilitación o, en otro caso, del valor de mercado que tuviera la vivienda en el momento de dicho inicio. A estos efectos, se descontará del precio de adquisición o del valor de mercado de la vivienda la parte proporcional correspondiente al suelo.

2.4. La opción por su aplicación

La necesidad de que el contribuyente se acoja a la exención en el IRPF para su aplicación

La exención por reinversión en vivienda habitual que contempla el artículo 38 de la LIRPF en su primer apartado **no se aplica de forma automática**, sino que **ha de ser el contribuyente el que manifieste su voluntad de acogerse a ella**. Y, a dicho respecto, el apartado 3 del artículo 41 del RIRPF se limita a señalar lo siguiente:

«3. La reinversión del importe obtenido en la enajenación deberá efectuarse, de una sola vez o sucesivamente, en un período no superior a dos años desde la fecha de transmisión de la vivienda habitual o en un año desde la fecha de transmisión de las acciones o participaciones.

En particular, se entenderá que la reinversión se efectúa dentro de plazo cuando la venta de la vivienda habitual se hubiese efectuado a plazos o con precio aplazado, siempre que el importe de los plazos se destine a la finalidad indicada dentro del período impositivo en que se vayan percibiendo.

Cuando, conforme a lo dispuesto en los párrafos anteriores, la reinversión no se realice en el mismo año de la enajenación, el contribuyente vendrá obligado a hacer constar en la declaración del Impuesto del ejercicio en el que se obtenga la ganancia de patrimonio su intención de reinvertir en las condiciones y plazos señalados.

Igualmente darán derecho a la exención por reinversión las cantidades obtenidas en la enajenación que se destinen a satisfacer el precio de una nueva vivienda habitual que se hubiera adquirido en el plazo de los dos años anteriores a la transmisión de aquélla».

Del tenor de este precepto suelen extraerse dos conclusiones básicas:

– En caso de **reinversión en el mismo ejercicio en el que se vende la previa vivienda habitual o en los dos anteriores,** no se exigiría ninguna obligación formal específica para manifestar la voluntad de beneficiarse de la exención.

– En el supuesto de **reinversión en los dos ejercicios posteriores al de la venta de la previa vivienda habitual,** sin embargo, a tenor del artículo 41.3 del RIRPF el contribuyente tendría que **hacer constar en la autoliquidación del IRPF del ejercicio en el que declare la ganancia patrimonial su voluntad de reinvertir** dentro de los plazos y condiciones correspondientes.

El Tribunal Económico-Administrativo Central viene entendiendo que de la normativa del IRPF no resulta ninguna obligación formal en relación con la exención por reinversión cuando la reinversión se produce en el mismo ejercicio en el que se obtuvo la ganancia patrimonial o en los dos años anteriores; mientras que cuando se tiene la intención de reinvertir en los dos años siguientes sí se pide que se haga mención a dicha intención en la declaración. Motivo por el cual, en su resolución n.° 3277/2006, de 18 de diciembre de 2008, concluye que «**no puede otorgarse carácter sustancial** a la forma de exteriorización de la exención por reinversión planteada como obligatoria por el Director recurrente, esto es, **a la inclusión en la declaración del ejercicio en el que se obtuvo la ganancia de la ganancia misma y de todas las menciones exigidas** por el modelo de declaración». Una resolución en la que, además, se añade que «**si no se desmiente por alguna otra circunstancia de la declaración del mismo ejercicio o de los siguientes** (como sería la aplicación de la deducción por adquisición de vivienda habitual a una base de cálculo que incluyera las ganancias consideradas exentas), **la falta de inclusión en ella de la ganancia patrimonial pueda ser reveladora de la intención de elegir la exención por reinversión** y, si se cumplen, obviamente, la totalidad de los requisitos de esta figura, aceptar su aplicación. Ello sin perjuicio, como es obvio, de que se pueda considerar como constitutiva de infracción tributaria la falta de incorporación al modelo de declaración de información que es requerida por él, en particular si, cuando en el ejercicio de la venta aun no se ha realizado la reinversión, no se informa de la intención de reinvertir en el plazo legalmente disponible para ello».

Así las cosas, y dado que es posible que la reinversión se materialice uno o dos años después de la venta de la vivienda, puede ser que algún contribuyente decida reinvertir una vez ya presentada la declaración del IRPF del ejercicio en el que transmitió la vivienda habitual anterior, en la que tributó por la ganancia patrimonial obtenida y no manifestó tampoco la intención de reinvertir. La duda, entonces, parece obvia: ¿podría rectificarse esa autoliquidación previa para aplicar la exención?

En distintas consultas vinculantes [como la (V3567-20), de 16 de diciembre de 2020; la (V1993-20), de 17 de junio de 2020; o la (V2418-19), de 13 de septiembre de 2019], **la Dirección General de Tributos rechaza la posibilidad de aplicar la exención *a posteriori*, rectificando la autoliquidación ya presentada que incluía la ganancia patrimonial obtenida por la venta sin haber aplicado la exención**. Conceptúa la exención por reinversión en vivienda habitual como una opción tributaria, cuya posibilidad de rectificación se encontraría limitada por el artículo 119 de la LGT, apartado 3, según el cual «las opciones que según la normativa tributaria se deban ejercitar, solicitar o renunciar con la presentación de una declaración no podrán rectificarse con posterioridad a ese momento, salvo que la rectificación se presente en el período reglamentario de declaración». Sobre esa base, y tomando también en consideración la resolución del TEAC antes citada, la DGT concluye lo siguiente:

> «(...) este Centro ha establecido como criterio interpretativo respecto a la cuestión planteada (consultas nº V0343-11, V0344-11, V1259-18 y V2418-19) que dicha opción supone la elección en la autoliquidación entre un régimen general, gravamen de la ganancia patrimonial producto de la transmisión de la vivienda habitual, y un régimen especial, la exención de la ganancia, en el que se debe optar por ésta, aunque en la resolución citada se admite, sin perjuicio de la posible sanción, que la opción por la exención de la ganancia patrimonial puede exteriorizarse de forma distinta a su inclusión en la declaración. Por tanto, al tratarse de una opción le es de aplicación el artículo 119.3 de la Ley General Tributaria, por lo que, si ya se ha optado expresamente por el gravamen de las rentas derivadas de la transmisión de la vivienda, una vez finalizado el periodo reglamentario de declaración no resultará posible rectificar este aspecto —el cambio del régimen general al régimen especial— de la autoliquidación en la que se gravó».

Con todo, lo cierto es que algunos TEAR han admitido la rectificación en determinados términos. En ese sentido, por ejemplo, la resolución no vinculante del TEAR de Castilla-La Mancha n.º 45/00132/2020, de 16 de noviembre de 2021, que indica: «La denegación de la solicitud de rectificación instada por los interesados se funda en exclusiva en que la tal solicitud supone una rectificación fuera del plazo de presentación de autoliquidación de una opción ejercida a través de tal autoliquidación y por ello y con fundamento en el artículo 119.3 de la LGT tal rectificación resulta extemporánea, pero lo cierto es que este Tribunal entiende que en el supuesto, cual es el caso, de que se obtiene una ganancia patrimonial en la venta de una vivienda habitual y que el precio de dicha venta se reinvierte en el mismo ejercicio en la adquisición de una nueva vivienda habitual no nos encontramos ante una opción sometida a plazo si no a una exoneración de tributación que de no ser ejercida habrá de estimarse que lo ha sido exclusivamente por error y que como tal entra en la previsión del artículo 120.3 de la LGT conforme el cual "Cuando un obligado tributario considere que una autoliquidación ha perjudicado de cualquier modo sus intereses legítimos, podrá instar la rectificación de dicha autoliquidación de acuerdo con el procedimiento que se regule reglamentariamente". Otra cosa sería, si la reinversión no fuese efectuada en el mismo ejercicio de la venta de la que procede la ganancia que se pretende exonerar de tributación en cuyo caso si podría hablarse de la existencia de una opción por no reinvertir en vivienda o en su caso a comprometerse a ingresar con pago de intereses la cantidad dejada de ingresar en el supuesto de no efectuar la reinversión en el plazo reglamentariamente establecido».

> **CUESTIÓN**
>
> **¿En qué parte o apartado de la autoliquidación del IRPF se indica la intención de reinvertir a los efectos de esta exención?**
>
> En el modelo de autoliquidación del IRPF del ejercicio 2023, aprobado por la Orden HAC/265/2024, de 18 de marzo (último aprobado a la fecha de cierre de este texto), debía incorporarse en el anexo C.2.

2.5. Consecuencias del incumplimiento de los requisitos

El incumplimiento de los requisitos a los que se condiciona la exención por reinversión en vivienda habitual supondrá, tal y como indica el apartado 5 del artículo 41 del RIRPF, el **sometimiento a gravamen de la parte de la ganancia patrimonial correspondiente**. Es algo que sucederá, por ejemplo, en el caso de que la reinversión no se efectúe dentro de los plazos correspondientes, cuando el contribuyente deje de residir en la vivienda adquirida antes de transcurridos tres años (salvo que concurran circunstancias que exijan necesariamente el cambio de domicilio) o en el supuesto de que el incumplimiento afecte a la cantidad reinvertida. Sin embargo, siguiendo la resolución del TEAC n.º 3277/2006, de 18 de diciembre de 2008, parece que la no inclusión de la advertencia de que se tiene intención de reinvertir en los ejercicios posteriores (conforme al artículo 41.3 del RIRPF) no tendría un carácter sustancial a estos efectos.

De hecho, la resolución mencionada indica lo siguiente:

«Sobre las consecuencias del incumplimiento de estos requisitos formales tan solo encontramos lo dicho por el apartado 4 del artículo 39 del Reglamento del Impuesto [se refiere al reglamento del IRPF entonces vigente, aprobado por el Real Decreto 1775/2004, de 30 de julio; hoy derogado por el RIRPF, que contiene la misma previsión en su artículo 41], cuyo primer párrafo indica que "4.- El incumplimiento de cualquiera de las condiciones establecidas en este artículo determinará el sometimiento a gravamen de la parte de la ganancia patrimonial correspondiente". Esta consecuencia, la falta de efectos de la opción por la exención por reinversión, parece que podría referirse también a la falta de mención de la información pedida en la segunda frase del párrafo primero del apartado 2 del mismo artículo (la advertencia de la intención de reinvertir en los ejercicios siguientes), si consideramos la cumplimentación de este apartado del modelo de declaración como una de las "condiciones" de aplicación de la opción por la exención por reinversión.

No obstante, esta conclusión dista mucho de ser evidente, porque el siguiente párrafo del citado artículo 39.4 parece indicarnos que en realidad las "condiciones" a las que se refiere el precepto son las condiciones materiales de la reinversión futura y a incumplimientos posteriores a la declaración del ejercicio en el que se obtuvo la ganancia: "En tal caso, el contribuyente imputará la parte de la ganancia patrimonial no exenta al año de su obtención, practicando declaración-liquidación complementaria, con inclusión de los intereses de demora, y se presentará en el plazo que medie entre la fecha en que se produzca el incumplimiento y la finalización del plazo reglamentario de declaración correspondiente al período impositivo en que se produzca dicho incumplimiento".

Incluso lo ha entendido así el "Manual Práctico" para la declaración del ejercicio 2003 del Impuesto sobre la Renta de las Personas Físicas editado por la Agencia Tributaria, cuya página 297 parafrasea este precepto bajo la rúbrica "incumplimiento de las condiciones de la reinversión", mencionando incumplimientos de plazo de reinversión y de importe reinvertido, sin dar a entender siquiera que se incluyen también el incumplimiento de algún requisito formal [algo que parece mantenerse también en el manual del ejercicio 2023]».

A TENER EN CUENTA. Si el incumplimiento afecta a una condición que determine la pérdida del derecho a la exención, habrá que tributar por toda la ganancia patrimonial. Sin embargo, cuando solo se refiera al importe reinvertido, cumpliéndose los demás requisitos para la exención, solo quedarían excluidos de gravamen los importes reinvertidos (el resto sí tributaría).

El contribuyente tendrá que presentar una **autoliquidación complementaria** del período impositivo en el que se obtuvo la ganancia patrimonial, imputando la parte de la ganancia no exenta, con inclusión de los **intereses de demora**. Dichos intereses de demora se aplicarán sobre la cuota a ingresar, al tipo o tipos vigentes durante el tiempo transcurrido desde la finalización del plazo de presentación de la declaración del ejercicio correspondiente hasta la fecha de la regularización; tal y como señala, por ejemplo, la consulta vinculante de la Dirección General de Tributos (V1394-24), de 12 de junio de 2024.

La autoliquidación complementaria deberá presentarse en el **plazo que medie entre la fecha en que se produzca el incumplimiento y la finalización del plazo reglamentario de declaración correspondiente al período impositivo en el que se produzca** dicho incumplimiento.

CUESTIÓN

¿El contribuyente que actúa con negligencia y aplica de forma indebida la exención puede cometer una infracción tributaria susceptible de ser sancionada por la Administración?

Sí, cuando medie dolo o negligencia, podrá existir una infracción tributaria, que llevará aparejada la correspondiente sanción. No en vano, según el apartado 1 del artículo 183 de la LGT, «son infracciones tributarias las acciones u omisiones dolosas o culposas con cualquier grado de negligencia que estén tipificadas y sancionadas como tales en esta u otra ley».

En el mismo sentido, el artículo 179 de la LGT [apartado 2.d)] establece que las acciones u omisiones tipificadas en las leyes no darán lugar a responsabilidad por infracción tributaria cuando se haya puesto la diligencia necesaria en el cumplimiento de las obligaciones tributarias; especificando que «entre otros supuestos, se entenderá que se ha puesto la diligencia necesaria cuando el obligado haya actuado amparándose en una interpretación razonable de la norma o cuando el obligado tributario haya ajustado su actuación a los criterios manifestados por la Administración Tributaria competente en las publicaciones y comunicaciones escritas a las que se refieren los artículos 86 y 87 de esta Ley. Tampoco se exigirá esta responsabilidad si el obligado tributario ajusta su actuación a los criterios manifestados por la Administración en la contestación a una consulta formulada por otro obligado, siempre que entre sus circunstancias y las mencionadas en la contestación a la consulta exista una igualdad sustancial que permita entender aplicables dichos criterios y éstos no hayan sido modificados».

En definitiva, tal y como indica la resolución del TEAC n.º 3650/2014, de 4 de diciembre de 2017, no puede olvidarse que «el obligado tributario, como sujeto pasivo, debía ser conocedor de la normativa aplicable, y de manera concreta que estaba aplicando un beneficio fiscal, la exención por reinversión, mediante el que no tributaría la mayor parte de la ganancia patrimonial obtenida, y al que no tenía derecho por no cumplir los plazos establecidos en la norma (...)».

RESOLUCIÓN ADMINISTRATIVA

Consulta vinculante de la Dirección General de Tributos (V1360-24), de 10 de junio de 2024

Asunto: consecuencias del incumplimiento del requisito de permanencia en la nueva vivienda de cara a la exención por reinversión en vivienda habitual.

«(...) la aplicación de esta norma requiere plantearse si ante una determinada situación, cambiar de domicilio es una opción para el contribuyente o queda al margen de su voluntad o conveniencia; es decir, que el hecho de que concurra una de las circunstancias enumeradas u otras análogas no es determinante por sí solo, ni supone sin más, una excepción a la exigencia del plazo general de residencia efectiva durante tres años. En el primero de los casos, es decir, si el contribuyente mantiene la posibilidad de elegir, no se estará en presencia de una circunstancia que permita excepcionar el plazo de tres años, y por tanto, si el contribuyente decide cambiar de domicilio, no por ello la vivienda alcanzará la consideración de habitual. En la misma línea, puede afirmarse que si se prueba la concurrencia de circunstancias análogas a las enumeradas por la normativa se podrá excepcionar el plazo de tres años, siempre que las mismas exijan también el cambio de domicilio.

(...)

De entenderse circunstancia necesaria, el hecho de abandonar la vivienda adquirida antes de haber residido en ella por un plazo continuado de, al menos, tres años, no conllevaría la pérdida de su consideración de vivienda habitual; por lo que mantendría el derecho a la exención ya aplicada por la vivienda enajenada con anterioridad, sin que deba proceder a la regularización de su situación.

De no entenderse circunstancia necesaria, se producirá incumplimiento de las condiciones exigidas que determinará el sometimiento a gravamen de la ganancia patrimonial correspondiente por la venta de su anterior vivienda habitual. En tal caso, el contribuyente imputará "la parte de la ganancia patrimonial no exenta al año de su obtención, practicando autoliquidación complementaria, con inclusión de los intereses de demora, y se presentará en el plazo que medie entre la fecha en que se produzca el incumplimiento y la finalización del plazo reglamentario de declaración correspondiente al período impositivo en que se produzca dicho incumplimiento".

Por tanto, el incumplimiento de las condiciones exigidas —en este caso el plazo de tres años de residencia—comportaría presentar en su momento una autoliquidación complementaria del período impositivo en el que se obtuvo la ganancia patrimonial, autoliquidación que incorporará la ganancia patrimonial no exenta y los intereses de demora, aplicados sobre la cuota a ingresar, al tipo o tipos vigentes durante el tiempo transcurrido desde la finalización del plazo de presentación de declaración del período impositivo correspondiente hasta la fecha de la regularización. La referida autoliquidación complementaria se presentará en el plazo que medie entre la fecha en que se produzca el incumplimiento y la finalización del plazo reglamentario de declaración correspondiente al período impositivo en que se produzca dicho incumplimiento».

3.
ESPECIAL REFERENCIA A ALGUNOS SUPUESTOS QUE PUEDEN PLANTEAR DUDAS EN LA PRÁCTICA

La exención por reinversión en vivienda habitual se recoge en el apartado 1 del art. 38 de la LIRPF al establecerse:

«Podrán excluirse de gravamen las ganancias patrimoniales obtenidas por la transmisión de la vivienda habitual del contribuyente, siempre que el importe total obtenido por la transmisión se reinvierta en la adquisición de una nueva vivienda habitual en las condiciones que reglamentariamente se determinen.

Cuando el importe reinvertido sea inferior al total de lo percibido en la transmisión, únicamente se excluirá de tributación la parte proporcional de la ganancia patrimonial obtenida que corresponda a la cantidad reinvertida».

El desarrollo de esta exención en cuanto a la cantidad que debe reinvertirse, exención en caso de rehabilitación, el concepto de vivienda habitual, etc., se encuentra regulado en los arts. 41 y 41 bis del RIRPF.

Sin embargo, la aplicación práctica de los mentados preceptos en determinadas situaciones genera dudas dada la complejidad de determinadas situaciones específicas. Entre los supuestos que pueden generar problemas interpretativos, entre otros, podemos señalar:

- Habitualidad de la vivienda:
  » Carácter de habitual de la vivienda familiar cuyo uso corresponde al excónyuge y los hijos tras una separación y divorcio.
  » Supuesto de que la vivienda vendida ha estado alquilada a un tercero justo antes de la transmisión.
- En el cómputo de plazo:
  » Cómputo del plazo cuando la vivienda adquirida está en construcción.
  » La posibilidad de aplicar la exención en caso de que se haya realizado un primer intento de reinversión que ha resultado fallido.
- Con relación a la situación de dominio sobre la vivienda:

» Casos en los que se ha vendido una vivienda privativa y la adquirida constituye un bien ganancial.

» Procedencia de la exención cuando el contribuyente solo ostenta la nuda propiedad de la vivienda transmitida.

– En cuanto a la reinversión:

» Aplicación de la exención cuando la compra de nueva vivienda se financia con un préstamo.

3.1. El cómputo de los plazos en caso de reinversión en la construcción de una nueva vivienda

Una de las cuestiones que más dudas generan en cuanto al cómputo del plazo de reinversión en la adquisición de vivienda es la que se refiere a los supuestos en los que la reinversión se produce sobre una vivienda en construcción.

El criterio que inicialmente mantenía la Dirección General de Tributos era el de entender que, para poder aplicar la exención, la adquisición jurídica de la vivienda debía producirse en el plazo comprendido entre los dos años anteriores y posteriores a la transmisión de la precedente vivienda habitual, siendo indiferente el momento en que se hubiera iniciado la construcción. En este sentido, en los supuestos de entregas de cantidades al promotor, se entiende producida la adquisición de la vivienda cuando, suscrito el contrato de compraventa, se realice la tradición o entrega de la cosa vendida. Un ejemplo de este criterio lo encontramos en la consulta vinculante de la DGT (V2325-15), de 23 de julio de 2015, en la que se establecía:

> «Por otro lado, tratándose de reinversión en la construcción de la futura vivienda habitual es necesario, para poder aplicar la exención, que la vivienda se adquiera jurídicamente en el plazo comprendido entre los dos años anteriores y posteriores a la transmisión de la precedente vivienda habitual. Siendo indiferente, para la aplicación de la exención, el momento en que se haya iniciado la construcción.
>
> En los supuestos de entregas de cantidades al promotor se entiende producida la adquisición de la vivienda cuando, suscrito el contrato de compraventa, se realice la tradición o entrega de la cosa vendida, que en el caso de inmuebles puede realizarse de múltiples formas: puesta en poder y posesión de la cosa, entrega de las llaves o títulos de pertenencia o el otorgamiento de escritura pública».

Sin embargo, la DGT ha tenido que modificar este criterio a raíz de la jurisprudencia establecida por el Tribunal Supremo en **la sentencia n.º 1098/2020, de 23 de julio, ECLI:ES:TS:2020:2698.**

El Alto Tribunal en la mentada sentencia establece que si bien el artículo 41 del RIRPF no prevé la posibilidad de ampliar el plazo de dos años en el que debe realizarse la reinversión, sí es posible esta ampliación cuando de lo que se trata es de la adquisición de una vivienda habitual en construcción, que se asimila a la adquisición de vivienda habitual. A estos efectos se acoge a lo dispuesto en el apartado 1 del art. 55 del RIRPF el cual, en su redacción vigente a 31 de diciembre de 2012, disponía que, a los efectos de la deducción, se asimila a la adquisición de vivienda la construcción «cuando el contribuyente satisfaga directamente los gastos derivados de la ejecución de las obras, o entregue cantidades a cuenta al promotor de aquéllas, siempre que finalicen en un plazo no superior a cuatro años desde el inicio de la inversión».

El Tribunal Supremo continúa razonando que de los apartados 3 y 4 del art. 55 del RIRPF se derivan **dos hipótesis de ampliación de este plazo de cuatro años**, señalando al respecto la sentencia referenciada:

> «La primera que, **como consecuencia de la situación de concurso, el promotor no finalizase las obras de construcción antes de transcurrir el plazo de cuatro años, o no pudiera efectuar la entrega** de las viviendas en el mismo plazo. Se amplía dicho plazo de cuatro años por otros cuatro años, si bien, para que la ampliación del plazo prevista en este apartado surta efecto, el contribuyente deberá acompañar a la declaración (sic, en realidad autoliquidación) del período impositivo en que se hubiese incumplido el plazo inicial, tanto los justificantes que acrediten sus inversiones en vivienda como cualquier otro documento justificativo de haberse producido alguna de las referidas situaciones.
>
> La segunda, que no puedan finalizarse las obras antes de transcurrir el plazo de cuatro años por **otras circunstancias excepcionales no imputables al contribuyente y que supongan su paralización.** No concreta el reglamento cuáles son esas circunstancias. Sabemos que deben ser circunstancias extraordinarias y que deben ser distintas de las previstas en la hipótesis anterior, la situación de concurso del promotor. Es preciso, por lo demás, una petición expresa de la ampliación y, además, dentro de un determinado plazo, concretamente, dentro de los treinta días siguiente a la fecha del incumplimiento del plazo de cuatro años. Ese plazo ampliado nunca puede ser superior a cuatro años más, pero si puede ser inferior, incluso puede ser inferior al solicitado por el contribuyente. El silencio, que se produce pasados tres meses, es negativo».

El problema que se plantea en estos casos de construcción de la vivienda, y así lo delimita el Alto Tribunal, es el de determinar lo que resulta exigible al interesado en la exención, para que le pueda ser reconocida la asimilación de hecho de la construcción de una nueva vivienda al hecho de su adquisición. Respecto a esta cuestión, debe concluirse que esa asimilación no procederá cuando el interesado no haya acreditado, dentro del plazo de 4 años, que las obras fueron finalizadas y le fueron entregadas. Es por ello que en el ámbito del IRPF no puede considerarse exenta la ganancia patrimonial obtenida como consecuencia de la transmisión de la vivienda habitual cuando las obras de la nueva vivienda en la que se ha reinvertido no concluyan en un plazo de cuatro años desde el inicio de la inversión, salvo que el mismo se haya ampliado de conformidad con los apartados 3 y 4 del art. 55 del RIRPF, y se adquiera la propiedad de la nueva vivienda.

En cuanto se refiere a la aplicación del art. 55 del RIRPF de forma analógica, el Tribunal Supremo en la **sentencia n.º 176/2021, de 11 de febrero, ECLI:ES:TS:2021:614**, señala que la prohibición de la analogía recogida en el art. 14 de la LGT tan solo se refiere a la aplicación de un beneficio fiscal que no se esté previsto expresamente en la ley, pero semejante a otro sí previsto. Sin embargo, esto no supone que la interpretación de los preceptos legales deba ser rigurosa o estricta, apegada al tenor literal de la norma y por tanto excluyente de otras posibles reglas hermenéuticas, sino que son posibles otras interpretaciones como la lógica, la histórica y la sistemática. En cuanto al art. 55 de la LGT y su extensión a la exención por reinversión en la vivienda habitual, concreta:

> «(…) máxime en casos como el presente en el que la exención fiscal de que se trata aspira a atender un principio rector de la política social, constitucionalmente consagrado, como es el derecho a una vivienda digna (artículo 47 CE), que no puede ser desconocido en su totalidad mediante lecturas de la norma puramente literalistas».

Justifica el Alto Tribunal la aplicabilidad del art. 55 del RIRPF, en el hecho de que el art. 54 del RIRPF es objeto de remisión explícita y en consecuencia en cuanto al art. 55 del RIRPF cabe considerar que la efectúa de modo implícito. Señala el TS que parece de fuera de todo canon lógico incluir hechos tales como la ampliación y construcción para después desconocer su aplicabilidad al caso de la exención.

Reflejo del **cambio de criterio de la DGT asumiendo la jurisprudencia expuesta del Tribunal Supremo** lo encontramos en la consulta vinculante (V0284-24), de 4 de marzo de 2024, en la que se establece:

> «En consecuencia, la jurisprudencia establecida por el Tribunal Supremo ha llevado a modificar el criterio interpretativo que esta Dirección General había venido manteniendo al respecto y pasar a considerar que, en caso de reinversión en construcción futura debe cumplirse una doble condición:
>
> 1º) Que se aplique la totalidad del importe percibido por la venta de la anterior vivienda a la construcción de la nueva vivienda, dentro del **plazo de reinversión de dos años** a partir de la venta de la antigua vivienda habitual establecido en el artículo 38.1 de la LIRPF y 41 del RIRPF. En caso de reinversión parcial, conforme al artículo 41.4 del RIRPF solamente se excluirá de gravamen la parte proporcional de la ganancia patrimonial que corresponda a la cantidad efectivamente invertida en las condiciones de dicho artículo.
>
> 2º) Que **la nueva vivienda se construya en los plazos establecidos en el artículo 55 del RIRPF** . En consecuencia, no procederá la aplicación de la exención cuando el interesado no haya acreditado que las obras fueron finalizadas y le fueron entregadas, dentro del plazo de cuatro años reglamentariamente establecido, a contar desde el inicio de la inversión, salvo que dicho plazo se haya ampliado de conformidad con lo dispuesto en los apartados 3 y 4 del artículo 55 del RIRPF».

Por tanto, debemos concluir, tal como hace la mentada resolución, que la aplicación del importe percibido por la venta de la anterior vivienda a la construcción de una nueva vivienda puede efectuarse dentro del plazo de reinversión de dos años a partir de la venta de la antigua vivienda habitual y también en los dos años anteriores, por lo que, los pagos que no se hayan realizado en dicho plazo no se considerarán importe reinvertido. Asimismo, la exención se encuentra condicionada a que la vivienda se finalice en los plazos establecidos en el art. 55 del RIRPF.

> **A TENER EN CUENTA**. Los arts. 54 a 57 del RIRPF han sido suprimidos, con efectos desde 1 de enero de 2013, por el art. 2.1.4 del RD 960/2013, de 5 de diciembre.

3.2. El carácter habitual de la vivienda familiar cuyo uso corresponde al excónyuge y los hijos tras la separación o divorcio

Para determinar el carácter de habitual de la vivienda tras una separación, divorcio o nulidad matrimonial y su impacto en la exención de la ganancia patrimonial en el IRPF por reinversión en vivienda habitual, es esencial considerar no solo lo dispuesto en las normas reguladoras del impuesto (LIRPF y RIRPF), sino también la postura que ha adoptado nuestro Alto Tribunal al respecto.

Como punto de partida hay que recordar que el art. 41 bis del Real Decreto 439/2007, de 30 de marzo, por el que se aprueba el Reglamento del Impuesto sobre la Renta de las Personas Físicas, señala que se considerará vivienda habitual del contribuyente la que constituya su residencia durante un plazo de al menos 3 años.

Para evitar que este plazo de lugar a situaciones injustas, el segundo párrafo del apartado primero del art. 41 bis del RIRPF ha determinado que la vivienda tendrá la consideración de habitual, aunque no se haya cumplido dicho plazo de 3 años si se produce el fallecimiento del contribuyente o concurren otras circunstancias que necesariamente exijan el cambio de domicilio, incluyendo entre estas la separación matrimonial.

Por su parte, continúa el artículo en su tercer apartado disponiendo que para poder aplicar la exención el inmueble debe constituir la **vivienda habitual del contribuyente en el momento de la transmisión, o haberlo sido hasta cualquier día de los dos años anteriores a la fecha de la transmisión.**

El supuesto controvertido analizado en este punto se da cuando tras una separación, una nulidad o un divorcio se le atribuye el uso de la vivienda a uno de los cónyuges y el otro se ve «obligado» a abandonar la misma. Si esta vivienda se vendiera y el contribuyente que se ha visto privado del uso de la misma quisiese aplicarse la exención por reinversión en vivienda habitual, se encontraría con el problema de que no cumple el requisito de habitualidad en sentido estricto.

En un primer momento, la Dirección General de Tributos se mostró contraria a aplicar la exención en estos casos en los que el contribuyente no ha podido residir en la vivienda por estar el uso de la misma atribuido a su ex cónyuge, y así, la consulta vinculante de la DGT (V1026-23), de 26 de abril de 2023, resolvía un supuesto en el que la vivienda había sido atribuida a ambos cónyuges por periodos semestrales, concluyendo que no procedería la exención al no cumplirse los requisitos:

> «Respecto a lo anterior, una vez que el consultante haya dejado de residir efectivamente en su vivienda, que hubo alcanzado para él la consideración de habitual, con independencia de la causa que hubiera determinado el cese en la residencia efectiva (enfermedad, desempleo, traslado laboral, divorcio, separaciones, nacimiento de un hijo, etc), dispone del plazo de dos años, para su venta sin pérdida del derecho a la correspondiente exención. En consecuencia, si como describe en su escrito de consulta la enajenación de la vivienda se produce en 2023, esta no tendrá la consideración de habitual y por tanto no podrá beneficiarse de la exención en caso de obtener una ganancia patrimonial por la venta».

Sin embargo, el Tribunal Supremo ha resuelto en su **STS n.º 553/2023, de 5 de mayo, ECLI:ES:TS:2023:2021**, que en estos casos debe entenderse cumplido el requisito cuando el cónyuge que permaneció en la vivienda sí que cumpla los requisitos del art. 41 bis del RIRPF, es decir, a efectos de la exención por reinversión, la vivienda se considerará habitual para ambos cónyuges si uno de ellos continúa residiendo en ella hasta cualquier día de los dos años anteriores a la transmisión. En el supuesto concreto, la Abogacía del Estado defendía que no procedía la exención cuando habían transcurrido más de dos años desde que el contribuyente dejara de ocupar efectivamente la vivienda, sin que deban valorarse las circunstancias que motivaron el cese de la utilización de la vivienda habitual, ya que el apartado tercero del art. 41 bis del RIRPF no recoge excepción alguna, y alegando que esta interpretación se ajusta al tenor literal de la norma.

Por el contrario, la Sala aplica los criterios interpretativos gramatical y sistemático, para razonar que la remisión que contiene el art. 41.3 bis del RIRPF a lo «dispuesto en este artículo», conlleva que deba entenderse aplicable la excepción en caso de separación matrimonial recogida en el segundo párrafo de su apartado primero al requisito de la ocupación actual:

> «Ciertamente el apartado 3 del art. 41 bis, que regula el requisito de la actualidad del uso como vivienda habitual al tiempo de la enajenación, no menciona expresamente la situación del cónyuge que ha dejado de residir en la misma por razón de separación matrimonial, nulidad o divorcio, a diferencia de los apartados 1 y 2 del mismo precepto, que se refieren al momento inicial de habitar la vivienda con el carácter de habitual, y a la duración mínima de tres años en tal condición, y asimilan a la situación de utilización efectiva de la vivienda habitual la del cónyuge que debe cesar en el uso efectivo de la misma como consecuencia de las situaciones legales de separación, divorcio o nulidad del matrimonio. Sin embargo, el propio art. 41 bis se remite explícitamente en el apartado 3

a la totalidad del contenido del artículo, por tanto, también a los apartados 1 y 2 del art. 41 bis RLIRPF. Hay que reparar en que el apartado 3 del art. 41 bis dice que "[...] se entenderá que el contribuyente está transmitiendo su vivienda habitual cuando, **con arreglo a lo dispuesto en este artículo**, dicha edificación constituya su vivienda habitual en ese momento o hubiera tenido tal consideración hasta cualquier día de los dos años anteriores a la fecha de transmisión [...]" (...). Por tanto, **no cabe una lectura aislada de ese apartado 3 del art. 41 bis RLIRPF, puesto que la propia norma se remite a todo el artículo** ["con arreglo a lo dispuesto en este artículo" dice] y a los "exclusivos efectos" de cuando se "entenderá" que se está transmitiendo una edificación que constituye su vivienda habitual, lo que evidencia que el reglamento asume que se trata de un concepto legalmente definido por la propia norma tributaria (art. 12.2 LGT). Los apartados 1 y 2 del artículo 41 bis deben integrarse en su totalidad en ese requisito del apartado 3 del mismo precepto, acerca de la actualidad de la condición de vivienda habitual, porque todos ellos forman parte de un concepto específico de la norma tributaria, el de vivienda habitual a efectos de la exención por reinversión. Y esa integración no se limita tan solo a las situaciones de efectiva ocupación de la vivienda habitual, sino también aquellas que han sido asimiladas por los apartados 1 y 2 a la condición de inicio de la residencia como vivienda habitual y permanencia en tal concepto, como son las situaciones de separación, divorcio y nulidad. De ahí la mención a las situaciones en que, sin ser la vivienda habitual efectiva "tuviere tal consideración" a que se refiere expresamente el art. 41 bis. 3.

Los **criterios interpretativos gramatical y sistemático** que hemos expuesto, se refuerzan con el **sentido teleológico** de la exención (art. 12.1 LGT en relación con el art. 3.1 del Código civil). **No existe ningún elemento interpretativo en el art. 41 y 41 bis del RLIRPF, y tampoco en el art. 38.1 LIRPF, que justifique una ruptura de la asimilación del tratamiento tributario del ex cónyuge que permanece en la vivienda habitual**, en su caso junto a los hijos comunes, **con el otorgado al cónyuge que debe cesar en el uso de la vivienda habitual por la situación de separación, nulidad o divorcio, asimilación que se formula explícitamente para el requisito de inicio y mantenimiento en la ocupación de la vivienda habitual en los apartados 1 y 2 del art. art. 41 bis, y por remisión al conjunto, y por tanto a aquellos apartados, en cuanto al requisito de ocupación actual al tiempo de la enajenación.** La interpretación que establecemos es la mas coherente con la plena efectividad del **principio de igualdad ante la ley** (art. 14 CE) y en el sostenimiento de las cargas públicas (art. 31.1 CE), igualdad que, por su carácter de derecho fundamental y principio básico de la ordenación del sistema tributario (art. 3.1 LGT), informa la interpretación y aplicación del ordenamiento jurídico (art. 5.1 de la Ley Orgánica 6/1985, de 1 de julio, del Poder Judicial)».

En virtud de todo lo expuesto, nuestro Alto Tribunal fija la siguiente **doctrina jurisprudencial**:

«Como consecuencia de lo expuesto establecemos como criterio jurisprudencial interpretativo que, **en las situaciones de separación, divorcio o nulidad del matrimonio** que hubieren determinado el cese de la ocupación efectiva como vivienda habitual para el cónyuge que ha de abandonar el domicilio habitual por tales causas, **el requisito de ocupación efectiva de la vivienda habitual en el momento de la transmisión o en cualquier día de los dos años anteriores a la misma,** que exige el apartado 3 del art. 41 bis del RLIRPF, **se entenderá cumplido cuando tal situación concurra en el cónyuge que permaneció en la misma**».

A raíz de esta sentencia, la Dirección General de Tributos se ha visto obligada a modificar su criterio, pasando a considerar que, en los casos de separación, divorcio o nulidad matrimonial que determinen el cese de la residencia en la que había sido vivienda habitual del matrimonio para uno de los cónyuges, se entenderá igualmente que se transmite la vivienda habitual cuando constituya la vivienda habitual del cónyuge que permaneció en la misma en el momento de la transmisión, o cualquier día de los dos años anteriores, véase como ejemplo la consulta vinculante (V0326-24), de 6 de marzo de 2024, o la consulta vinculante (V0549-24), de 9 de abril de 2024.

CUESTIÓN

Un contribuyente abandona la vivienda familiar como consecuencia de un divorcio en el que se le atribuye su uso a su excónyuge y adquiere una nueva vivienda en la que reside desde entonces. Este año se ha procedido a la venta de la vivienda familiar de la que era cotitular, y a su vez también ha vendido la vivienda en la que se encontraba residiendo y de la que era titular exclusivo. ¿Puede aplicar la exención por reinversión en vivienda habitual a las ganancias patrimoniales obtenidas por ambas ventas si reinvierte en una nueva vivienda habitual?

Sí, siempre que se cumplan los requisitos para la exención. Así se recoge en la consulta vinculante de la Dirección General de Tributos (V0773-24), de 17 de abril de 2024, en la que se concluye que en este supuesto «(...) partiendo de la premisa de que esta última vivienda tenga la consideración de vivienda habitual conforme al artículo 41 bis del RIRPF, y de que la vivienda en la que permaneció su ex cónyuge tenga para esta tal consideración en el momento de la venta o en cualquier día de los dos años anteriores a la fecha de la transmisión, habida cuenta de que, según sus datos, ha transmitido ambas viviendas en 2023 y ha reinvertido el importe obtenido en la adquisición de una nueva vivienda en 2023, podrá aplicar la exención por reinversión en vivienda habitual. Resta por indicar que si el importe de la reinversión fuera inferior al total obtenido en la enajenación, solamente se excluirá de gravamen la parte proporcional de la ganancia patrimonial que corresponda a la cantidad efectivamente invertida en las condiciones señaladas».

3.3. Supuesto de venta de vivienda privativa y compra de vivienda ganancial

En la práctica puede ser frecuente que un contribuyente del IRPF **venda una vivienda de la que era propietario único, con carácter privativo, y reinvierta el importe obtenido en la adquisición de una nueva vivienda para su sociedad de gananciales**. Por ejemplo, esto sucederá cuando uno de los cónyuges transmita su antigua vivienda privativa, adquirida antes del matrimonio o por herencia, y reinvierta en la compra o rehabilitación de una de carácter ganancial.

Para analizar si en este tipo de supuestos cabe la exención por reinversión del apartado 1 del artículo 38 de la LIRPF, y en qué medida, conviene tener claras algunas cuestiones previas de índole civil:

- Por un lado, la **cantidad que el contribuyente obtenga con la transmisión de la vivienda privativa tendrá también tal carácter**, conforme al artículo 1346 del Código Civil (numerales 1.° y 3.°).

- Por lo que se refiere a la vivienda adquirida durante el matrimonio sometido al régimen de gananciales, el artículo 1354 del CC establece que «los bienes adquiridos mediante precio o contraprestación, en parte ganancial y en parte privativo, corresponderán *pro indiviso* a la sociedad de gananciales y al cónyuge o cónyuges en proporción al valor de las aportaciones respectivas». Ahora bien, conforme al artículo 1355 del CC, los cónyuges podrán, de común acuerdo, atribuir la condición de gananciales a los bienes que adquieran a título oneroso durante el matrimonio, cualquiera que sea la procedencia del precio o contraprestación y la forma y plazos en que se satisfaga. Es más, se establece expresamente que, si la **adquisición se hiciera en forma conjunta y sin atribución de cuotas, se presumirá su voluntad favorable al carácter ganancial** de tales bienes.

Centrándonos en el ámbito fiscal, y por lo que aquí interesa, el artículo 41 del RIRPF señala lo siguiente al desarrollar las condiciones para la exención:

«1. Podrán gozar de exención las ganancias patrimoniales que se pongan de manifiesto en la transmisión de la vivienda habitual del contribuyente cuando el importe total obtenido se reinvierta en la adquisición de una nueva vivienda habitual, en las condiciones que se establecen en este artículo. Cuando para adquirir la vivienda transmitida el contribuyente hubiera utilizado financiación ajena, se considerará, exclusivamente a estos efectos, como importe total obtenido el resultante de minorar el valor de transmisión en el principal del préstamo que se encuentre pendiente de amortizar en el momento de la transmisión.

(...)

4. En el caso de que el importe de la reinversión fuera inferior al total obtenido en la enajenación, solamente se excluirá de gravamen la parte proporcional de la ganancia patrimonial que corresponda a la cantidad efectivamente invertida en las condiciones de este artículo.

(...)».

Por lo tanto, cuando un contribuyente venda una vivienda privativa y emplee lo obtenido en la **adquisición de una vivienda para la sociedad de gananciales** (íntegramente ganancial), de cara a la exención del artículo 38.1 de la LIRPF, para ese contribuyente tendrá la consideración de **reinversión** «aquella cuantía que, del importe total obtenido en la venta de su señalada vivienda privativa, implique para él adquisición del título de propiedad sobre aquella en la que se reinvierte» [consulta vinculante de la Dirección General de Tributos (V0120-20), de 21 de enero de 2020]. Lo cual, en este concreto supuesto, en el que la sociedad de gananciales se considera como única adquirente de la nueva vivienda, será **el 50 % de lo reinvertido**, al ser ese el porcentaje de su participación en la sociedad de gananciales.

A TENER EN CUENTA. Evidentemente, para que proceda la exención no basta con que se reinvierta lo obtenido por la venta de la vivienda privativa en la adquisición o rehabilitación de la ganancial, sino que, como en el resto de los supuestos, tendrán que cumplirse todos los requisitos a los que se condiciona el beneficio fiscal (carácter habitual de ambas viviendas, plazos, etc.).

CUESTIÓN

¿Qué sucedería en el supuesto contrario, de venta de una vivienda ganancial, posterior disolución y liquidación de la sociedad de gananciales, y reinversión de lo obtenido en la compra de una vivienda privativa?

El excónyuge que, tras la disolución y liquidación de la sociedad de gananciales, reinvierta en la adquisición de una vivienda privativa, podrá acogerse a la exención por la parte que, del 50 % del total obtenido en la venta de la vivienda ganancial, reinvierta en comprar su nueva vivienda habitual privativa. También podría hacerlo el otro excónyuge, si igualmente reinvierte en la compra de una nueva vivienda privativa para sí. En cualquiera de los casos, por supuesto, cada contribuyente tendría que cumplir los requisitos que posibilitan la aplicación del beneficio fiscal (carácter habitual de la vivienda transmitida y adquirida, plazos, etc.). En este sentido se pronuncia, por ejemplo, la consulta vinculante de la Dirección General de Tributos (V2728-20), de 7 de septiembre de 2020.

3.4. La reinversión cuando la compra de la nueva vivienda se financia con un préstamo

Conforme a lo dispuesto en la LIRPF y en el RIRPF, para que la ganancia patrimonial obtenida con la venta de la vivienda habitual resulte exenta de tributar en el IRPF, será necesario reinvertir el importe obtenido en la adquisición o rehabilitación de una nueva vivienda habitual, estableciéndose un plazo de dos años —antes o después de la enajenación— para llevar a cabo dicha reinversión.

Se ha planteado la duda sobre si el hecho de financiar la nueva vivienda adquirida mediante un préstamo o hipoteca implica que no pueda considerarse como reinvertida la ganancia obtenida más allá de las cuotas del préstamo efectivamente abonadas durante el período de esos dos años.

Por parte de la Administración, en un primer momento se defendió una interpretación del concepto de reinversión «prácticamente físico». Así, en la **sentencia del Tribunal Supremo n.º 1239/2020, de 1 de octubre, ECLI:ES:TS:2020:3049**, el Abogado del Estado defendió que la reinversión a estos efectos sería el empleo de los fondos obtenidos con la venta en la nueva vivienda adquirida, interpretando que si parte de la adquisición de la nueva vivienda se produce con financiación ajena, la parte financiada por la entidad bancaria no constituye reinversión, con excepción de la parte del préstamo efectivamente amortizada en el periodo en que puede efectuarse la reinversión.

Sin embargo, nuestro Alto Tribunal señala que ni la LIRPF ni el RIRPF contienen ninguna norma que valide el criterio defendido por la Administración, según el cual la reinversión sería un «(...) traslado material de un flujo monetario de un origen a un destino predeterminado en lugar de atender al concepto económico de inversión entendiendo que hay reinversión cuando el nuevo activo adquirido (la vivienda habitual de destino) iguala o supera el precio obtenido de la enajenación del activo precedente (la vivienda habitual de origen) (...)», y consecuentemente sostiene que «(...) por reinversión debe entenderse un acto negocial jurídico económico, dándose la realidad del mismo y cumpliéndose con los períodos establecidos por ley y siempre con independencia de los pagos monetarios del crédito/préstamos/deuda hipotecaria asumida en la nueva adquisición».

Concluye la Sala que: «Ni del artículo 36 Real Decreto Legislativo 3/2004 ni del artículo 39 RD1775/2004 se desprende que deba existir una correlación financiera entre la cantidad obtenida por la venta de la vivienda transmitida y la cantidad reinvertida en la nueva vivienda habitual. Y tampoco que no deba considerarse el importe de la financiación ajena solicitada para la compra de la nueva vivienda como cuantía equivalente al importe obtenido por la vivienda transmitida».

A raíz de todo lo expuesto la mentada sentencia fija como **doctrina** que:

> «"Para aplicar la exención por reinversión regulada en el artículo 36 del TRLIRPF de 2004, y en el 39.1 Reglamento del Impuesto -Real Decreto 1775/2004, de 30 de julio, para aplicar la exención por reinversión regulada en el artículo 36 del TRLIRPF de 2004, y en el 39.1 Reglamento del Impuesto -Real Decreto 1775/2004, de 30 de julio-, **no resulta preciso emplear en su totalidad el dinero obtenido de la venta de la anterior vivienda siendo suficiente con aplicar para el mismo fin dinero tomado a préstamo de un tercero**, ya sea directamente o bien como consecuencia de la subrogación en un préstamo previamente contratado por el transmitente del inmueble es suficiente con aplicar para el mismo fin dinero tomado a préstamo de un tercero, ya sea directamente o bien como consecuencia de la subrogación en un préstamo previamente contratado por el transmitente del inmueble"».

En la misma línea, también la **sentencia del Tribunal Supremo n.º 961/2021, de 5 de julio, ECLI:ES:TS:2021:2990**, que reitera que podrá aplicarse la exención aun cuando para la compra de la nueva vivienda se haya tomado dinero a préstamo de un tercero.

A su vez, también resulta relevante la **sentencia del Tribunal Supremo n.º 508/2022, de 29 de abril, ECLI:ES:TS:2022:1810**, en la que la Abogacía del Estado sostiene que únicamente debe considerarse reinvertido el dinero abonado en el momento de la compra y los plazos que se amorticen durante el plazo de dos años, ya que «(...) la reinversión supone, en principio, la colocación de los fondos obtenidos en la venta de una vivienda en la adquisición de la nueva vivienda (...)», y que «(...) La contracción de un nuevo préstamo (que en eso consiste la subrogación en el préstamo de la nueva vivienda) supone que el contribuyente en cuestión no está propiamente 'reinvirtiendo' sino gestionando, con ocasión de la adquisición de una nueva vivienda habitual, un préstamo nuevo que le interesa, préstamo que se satisfará mediante la amortización que se haya establecido en las condiciones de adquisición o en las del préstamo en que se subroga». En esta ocasión, el Alto Tribunal nuevamente entiende que esta valoración de la Administración es errónea y zanja la cuestión fijando como doctrina que:

> «(…) a efectos de aplicar la exención por reinversión en la adquisición de vivienda habitual en el IRPF, cuando el dinero empleado a tal fin proceda del préstamo concedido por un tercero, ya sea directamente o bien como consecuencia de la subrogación en un préstamo previamente contratado por el transmitente del inmueble, se debe considerar que **la cantidad reinvertida no es** únicamente **la desembolsada de forma efectiva en el plazo de dos años exigible para materializar la reinversión, sino que también, puede extenderse a las cantidades del préstamo amortizadas con posterioridad**».

La Dirección General de Tributos también se ha pronunciado sobre esta cuestión, pudiendo citar, como ejemplo, su consulta vinculante (V0785-22), de 11 de abril de 2022, en la que se resuelve aplicando la doctrina anteriormente expuesta, y concluye que:

> «Por tanto, de acuerdo con todo lo expuesto, y de conformidad con la citada sentencia, por importe reinvertido debe considerarse la totalidad del valor de adquisición satisfecho por la nueva vivienda (en la parte que se corresponda con el porcentaje que adquiera el consultante) dentro del plazo de los dos años anteriores o posteriores a la transmisión, con independencia de que el mismo se haya financiado con cantidades obtenidas por un préstamo hipotecario, o con cantidades procedentes de los fondos propios del consultante».

3.5. La posibilidad de aplicar la exención en caso de reinversión tras un primer intento fallido

El elemento clave para que la ganancia patrimonial derivada de la venta de una vivienda pueda disfrutar de la exención regulada en el apartado 1 del artículo 38 de la LIRPF es la reinversión del importe obtenido en una nueva vivienda habitual, en la forma y dentro de los plazos que establece la normativa. Sin embargo, esa concreta reinversión, como casi cualquier inversión, tiene sus riesgos y la operación puede no salir bien. Piénsese, por ejemplo, en un contribuyente que decida **utilizar las cantidades obtenidas por la venta de su previa vivienda en la compra de un terreno y en la posterior construcción de una nueva vivienda habitual sobre él. ¿Qué sucedería si la construcción finalmente no se produjera por motivos ajenos al contribuyente?**

¿Se agotaría con ello la posibilidad de reinversión a efectos de la exención? ¿Podría igualmente aplicar ese beneficio fiscal si decide vender el terreno y se comprar una vivienda ya construida?

La Dirección General de Tributos ha dado respuesta a un supuesto como este a través de su consulta vinculante (V0668-24), de 15 de abril de 2024; en la que señala que **las cantidades destinadas a la compra del terreno no tendrían la consideración de importe reinvertido** a efectos de la exención, pues al final no puede construirse la nueva vivienda en el lugar en el que se pretendía.

Así las cosas, el Centro Directivo concluye que, en un caso como el antes planteado, «la compra del terreno **no tendrá incidencia en la posible aplicación de este beneficio fiscal**, por lo que la ganancia patrimonial derivada de la transmisión de su anterior vivienda quedará exonerada de gravamen si el consultante reinvierte el importe obtenido en la venta en la adquisición de una nueva vivienda habitual dentro del plazo de dos años a contar desde la fecha de transmisión». Es decir, ese primer intento fallido de reinversión no impediría la aplicación de la exención **si finalmente se realiza la reinversión por otra vía, dentro de los plazos y con los requisitos exigidos** por la normativa del impuesto.

Algo que, por otra parte, es perfectamente coherente con lo que ya había apuntado el Tribunal Económico-Administrativo Central en su resolución n.º 2463/2013, de 11 de septiembre de 2014. No en vano, a juicio de dicho órgano, lo que esta exención busca beneficiar es que «el obligado tributario invierta en el plazo de dos años, posteriores o anteriores a la venta, una cuantía equivalente al importe total obtenido por la transmisión, lo que daría lugar a una total exención de la ganancia, o en su caso a una exención parcial en proporción a los importes reinvertidos dentro de dicho plazo de dos años». **No es necesario que los fondos obtenidos por la transmisión de la primera vivienda habitual sean directa, material y específicamente los mismos** que los empleados para pagar la nueva. Y, ello, por dos razones básicas: por una parte, porque ni la LIRPF ni el RIRPF exigen esa identidad total y absoluta entre las cantidades percibidas en contraprestación por la transmisión y las entregadas en concepto de reinversión (algo que dejaría casi sin contenido al precepto); y, por otra, porque el dinero es un bien fungible.

3.6. El supuesto en el que la vivienda vendida había estado alquilada a un tercero justo antes de la transmisión

Para poder dar una respuesta a esta pregunta es preciso que, en primer lugar, veamos el concepto de vivienda habitual que se recoge en el art. 41 bis del RIRPF. Conforme a este precepto, a los efectos de la exención por reinversión en vivienda habitual, se considera vivienda habitual del contribuyente la edificación que constituya su residencia durante un plazo continuado de, al menos, tres años. También se entenderá que el contribuyente **está transmisión su vivienda habitual cuando la edificación constituya su vivienda habitual en ese momento o hubiera tenido tal consideración hasta cualquier día de los dos años anteriores** a la fecha de transmisión.

Pues bien, del precepto referenciado se deduce que para que la vivienda pueda considerarse vivienda habitual deben tenerse en cuenta las siguientes consideraciones:

– La vivienda debe haber sido habitada de manera efectiva y permanente durante al menos tres años. Es claro que durante el tiempo en el que la vivienda se encuentre arrendada el propietario no realizará una ocupación efectiva de la vivienda, lo que podría afectar su consideración como vivienda habitual.

– A los efectos de la exención por reinversión, se entenderá que se transmite la vivienda habitual cuando haya tenido tal consideración en el momento de la transmisión o hasta cualquier día de los dos años anteriores a la fecha de transmisión.

– Existen una serie de supuestos en los que, a pesar de no constituir residencia por tres años, se entenderá que la vivienda tuvo el carácter de habitual. Se dará esta presunción cuando se produzca el fallecimiento del contribuyente o concurran circunstancias que necesariamente exijan el cambio de domicilio (celebración de matrimonio, separación matrimonial, traslado laboral, obtención del primer empleo o cambio de empleo, u otras análogas).

Teniendo en cuenta lo establecido, es necesario hacer una serie de precisiones con relación a la consideración de vivienda habitual en los supuestos en los que se pretende vender una vivienda que ha sido objeto de arrendamiento. Para ello veremos diferentes supuestos:

Vivienda arrendada en el momento inmediatamente anterior a la venta

Acerca de este supuesto se ha pronunciado la consulta vinculante de la DGT (V1352-24), de 7 de junio de 2024, en la cual la contribuyente había residido en la vivienda durante 9 años. Por cuestiones personales, tuvo que trasladarse a otra vivienda, por lo que arrendó la vivienda durante 13 meses, hasta la fecha en la que se formalizó la venta.

En este supuesto, la DGT señala que en el momento de la transmisión la vivienda tendría la consideración de habitual a efectos de la exención, habida cuenta de que constituyó su vivienda habitual dentro del plazo de los dos años anteriores a la transmisión.

De la anterior resolución podemos concluir que **será posible aplicar la exención, aunque la vivienda haya estado alquilada antes de la venta, siempre que en los dos años anteriores a la trasmisión hubiese constituido vivienda habitual** del contribuyente.

CUESTIÓN

Si la vivienda ha estado arrendada por más de dos años, pero con anterioridad a la venta el contribuyente la ha reocupado por un plazo de año y medio, ¿es posible aplicar la exención?

Como hemos dicho, para que la vivienda tenga la consideración de vivienda habitual es necesario que la misma se haya ocupado de manera efectiva y permanente durante un plazo de 3 años. Y se podrá aplicar la exención si ha tenido la consideración de vivienda habitual hasta cualquier día de los dos años anteriores a la fecha de transmisión.

Por tanto, en el supuesto planteado no sería posible aplicar la exención porque no se cumple con ninguno de los requisitos que se han expuesto. En un caso similar se ha pronunciado la STSJ de Madrid n.º 513/2024, de 15 de julio, ECLI:ES:TSJM:2024:8886.

Arrendamiento de una habitación en la vivienda

La DGT en la consulta vinculante (V1171-21), de 29 de abril de 2021, analiza un supuesto en el que el consultante siendo propietario de una vivienda en la que ha comenzado a residir de forma efectiva en la vivienda hacía un año, se plantea ceder temporalmente en arrendamiento una de las habitaciones. La cuestión que se expone es la de determinar si, en caso de efectivamente alquilar una habitación de la vivienda, en el momento de la transmisión podría considerarse como vivienda habitual a los efectos de aplicar la exención por reinversión.

En la resolución de esta cuestión, la DGT señala que la vivienda habitual se configura desde una perspectiva temporal que exige una residencia continuada durante, al menos, tres años. Además, la residencia continuada supone una utilización efectiva y con carácter permanente por el propio contribuyente, circunstancias que no se ven alteradas por las ausencias temporales.

Todo inmueble que haya adquirido la consideración de vivienda habitual del contribuyente, la mantendrá en tanto continúe constituyendo su residencia habitual a título de propietario, perdiendo tal condición desde el momento en que deje de concurrir cualquiera de los requisitos de residencia habitual y pleno dominio.

Teniendo en cuenta lo anterior, la DGT en la mentada consulta vinculante resuelve de la siguiente forma:

«Conforme lo expuesto, si una parte de la vivienda es destinada a ser cedida en arrendamiento, en el caso de que el consultante transmitiese la vivienda antes de que transcurriesen tres años desde la fecha del cese del arrendamiento, no podrá aplicar la exención prevista en el artículo 38 de la Ley del Impuesto a la parte proporcional de la ganancia patrimonial que corresponda a la parte de la vivienda que hubiera tenido arrendada.

Sobre la parte de la vivienda que hubiera utilizado de forma privada, incluyendo las zonas comunes, podrá aplicar la citada exención a la ganancia patrimonial que proporcionalmente corresponda a esta parte de la vivienda, siempre que haya residido de forma continuada en la misma más de tres años y se cumplan los restantes requisitos anteriormente expuestos».

3.7. Procedencia de la exención por reinversión cuando se tiene la nuda propiedad de la vivienda trasmitida

El art. 38 de la LIRPF se encarga de establecer las ganancias excluidas de gravamen en supuestos de reinversión. Por cuanto se refiere al gravamen de las ganancias patrimoniales obtenidas por la transmisión de la vivienda habitual establece en su apartado 1:

«1. Podrán excluirse de gravamen las ganancias patrimoniales obtenidas por la transmisión de la vivienda habitual del contribuyente, siempre que el importe total obtenido por la transmisión se reinvierta en la adquisición de una nueva vivienda habitual en las condiciones que reglamentariamente se determinen.

Cuando el importe reinvertido sea inferior al total de lo percibido en la transmisión, únicamente se excluirá de tributación la parte proporcional de la ganancia patrimonial obtenida que corresponda a la cantidad reinvertida».

Este precepto no establece característica alguna que deba tener la vivienda, más allá de la consideración de habitual. Es por ello que debemos acudir a lo que se establece en el RIRPF. En primer lugar, debemos atender al concepto de vivienda habitual que proporciona el apartado 1, del art. 41 bis del RIRPF, que señala al efecto:

«1. A los efectos previstos en los artículos 7.t), 33.4.b), y 38 de la Ley del Impuesto se considera vivienda habitual del contribuyente la edificación que constituya su residencia durante un plazo continuado de, al menos, tres años.

No obstante, se entenderá que la vivienda tuvo el carácter de habitual cuando, a pesar de no haber transcurrido dicho plazo, se produzca el fallecimiento del contribuyente o concurran otras circunstancias que necesariamente exijan el cambio de domicilio, tales como celebración de matrimonio, separación matrimonial, traslado laboral, obtención del primer empleo, o cambio de empleo, u otras análogas justificadas».

Tal como puede apreciarse, este precepto no contiene ninguna referencia a la titularidad que debe ostentar el contribuyente en relación a la vivienda, no señalando que sea exigible la propiedad del inmueble. El Tribunal Supremo en la sentencia n.º 1627/2022, de 12 de diciembre, ECLI:ES:TS:2022:4569, ha señalado que quizás esta omisión venga justificada por la propia naturaleza de la transmisión que se encuentra en la base de la exención. Para su razonamiento el Alto Tribunal se remite a la STS n.º 1858/2018, de 20 de diciembre, ECLI:ES:TS:2018:4390, en la cual se recuerda el siguiente razonamiento:

«En conclusión, si la exención se produce por la transmisión de la titularidad del dominio sobre la vivienda habitual, esa titularidad jurídica debe haberse producido durante el periodo de tiempo exigido por la norma para la aplicación de la exención, que es el de tres años, y precisamente por el derecho transmitido, pues es esa transmisión la que origina la alteración de la composición del patrimonio, poniendo de manifiesto la ganancia patrimonial gravada y exenta. No puede admitirse, a los efectos de disfrutar la exención del art. 31.4.b del TRLIRPF, que la ocupación de la vivienda habitual, producido por otro derecho distinto al que es objeto de la transmisión, pueda integrar el requisito de permanencia en el patrimonio durante el indicado plazo. No obsta a esta conclusión que, en determinados supuestos, la Ley autorice la reducción de este periodo por razones imperiosas que obligan al cambio de domicilio, razones que incorporaba el anterior art. 53 del Reglamento del IRPF de 2004, tales como la "[...] celebración de matrimonio, separación matrimonial, traslado laboral, obtención del primer empleo, o cambio de empleo, u otras análogas justificadas [...]"».

La mentada sentencia fijó como **doctrina**:

«De conformidad con lo razonado procede declarar sobre la cuestión de interés casacional que en el ámbito del Impuesto sobre la Renta de las Personas Físicas, la exención de la ganancia patrimonial obtenida con ocasión de la transmisión por mayores de sesenta y cinco años de su vivienda habitual, regulada en el art. 31.4.b del TRLIRPF, requiere que la vivienda transmitida haya constituido la residencia habitual durante el plazo continuado de, al menos, tres años continuados, y que haya ostentando durante dicho periodo el pleno dominio de la misma».

A TENER EN CUENTA. La normativa a la que se refieren los extractos de la sentencia actualmente se encuentra derogada; con todo, la doctrina establecida se sigue aplicando por la DGT a la luz de la nueva legislación. A modo de ejemplo, podemos referirnos a la consulta vinculante (V1260-24), de 31 de mayo de 2024.

En la sentencia de 12 de diciembre de 2022 referenciada, se señala que las consideraciones de la resolución extractada pueden exportarse al caso objeto de análisis en el que la contribuyente tan solo ostenta la nuda propiedad. La misma establece que al tratar de aplicar una exención con relación a una ganancia patrimonial, y **siendo el derecho de propiedad el que determina el incremento patrimonial sometido a gravamen es evidente que para la aplicación de la exención es preciso que la contribuyente haya disfrutado los tres años exigidos en concepto de pleno dominio**, ya que en el supuesto de ostentar la nuda propiedad su permanencia en la vivienda responde a la tolerancia, liberalidad o a cualquier otro negocio con el usufructuario.

Por ello en la sentencia n.° 1627/2022, de 12 de diciembre, ECLI:ES:TS:2022:4569, el Tribunal Supremo establece:

«"La exención de la ganancia patrimonial obtenida con ocasión de la transmisión de la vivienda habitual del contribuyente, siempre que el importe total obtenido por la transmisión se reinvierta en la adquisición de una nueva vivienda habitual, regulada en el art. 38 de la LIRPF, **requiere que la vivienda transmitida haya constituido su residencia habitual durante el plazo continuado de, al menos, tres años continuados y que haya ostentando durante dicho periodo el pleno dominio de la misma**, sin que la nuda propiedad resulte título suficiente a tales efectos"».

Por tanto, **para que sea posible aplicar la exención por reinversión en vivienda habitual, es necesario que el contribuyente ostente el pleno dominio** del inmueble. Este criterio lo viene manteniendo la DGT, tal como se recoge en la consulta vinculante (V0359-24), de 12 de marzo de 2024, en la que se plantea el siguiente supuesto de hecho:

> «La madre de la consultante falleció en el año 1999. A consecuencia de ello, la consultante y sus dos hermanos recibieron por herencia la nuda propiedad de la mitad de una vivienda "A", correspondiéndole a su padre el usufructo de esa mitad y la plena propiedad del 50 por ciento restante de la vivienda. Dicha vivienda ha sido la residencia habitual de la consultante durante toda su vida. Por otra parte, la consultante y sus hermanos son propietarios de una segunda vivienda, la vivienda "B", por lo que se están planteando realizar la siguiente operación: el padre de la consultante va a donar a sus hijos la nuda propiedad de la mitad de la vivienda "A", de tal forma que aquel conserve el usufructo de la totalidad de la vivienda y sus hijos la nuda propiedad de la misma. Una vez que la consultante esté en posesión del tercio de la nuda propiedad de la vivienda "A", procederá a su transmisión en favor de sus dos hermanos, con la intención de reinvertir el importe obtenido en la venta en adquirir a éstos últimos la parte de la vivienda "B" que poseen en pleno dominio».

Ante esta situación, la consultante se cuestiona si es posible aplicar la exención por reinversión a la ganancia que le genere la transmisión de su nuda propiedad. La respuesta que la DGT otorga es negar la posibilidad de exención por reinversión en vivienda habitual, en aplicación de su criterio de que los beneficios fiscales relacionados con la residencia habitual del contribuyente están ligados a la titularidad del pleno dominio del inmueble, aunque sea compartido.

CUESTIÓN

¿También se exige la plena propiedad en la vivienda que se adquiere?

Sí, es preciso que el contribuyente adquiera la plena propiedad de la nueva vivienda para que pueda aplicarse la exención por reinversión. Así lo refleja la **consulta vinculante de la DGT (V0420-22), de 3 de marzo de 2022,** en la que la contribuyente adquiere el 100 % del usufructo y el 50 % de la nuda propiedad —por tanto, hay pleno dominio sobre el 50 % de la vivienda— y se cuestiona si puede aplicar la exención por reinversión. En este caso la DGT responde de la siguiente forma:

«En consecuencia, siempre que dicha adquisición se produzca dentro del plazo señalado de los dos años a contar desde la referida transmisión la consultante podrá aplicar la exención por reinversión por el importe obtenido en la enajenación de su porcentaje (50 por ciento) en la vivienda transmitida que destine a la adquisición del 50 por ciento del pleno dominio de la nueva vivienda. Por último, se debe recordar que en caso de que el importe de la reinversión fuera inferior al total obtenido en la enajenación, solamente se excluirá de gravamen la parte proporcional de la ganancia patrimonial que corresponda a la cantidad efectivamente invertida conforme al apartado 4 del artículo 41 del RIRPF».

ANEXO
CASOS PRÁCTICOS

Caso práctico | ¿La cantidad pagada con el contrato de arras puede considerarse reinversión a efectos del IRPF si finalmente la compra se formaliza fuera del plazo de los dos años?

PLANTEAMIENTO

Antonio y María venden su vivienda habitual. Un año después han firmado un contrato de arras para la compra de una nueva vivienda en virtud del cual han realizado un pago con el dinero obtenido de la venta, firmando posteriormente escritura pública de compraventa dos meses después del plazo de los dos años establecido en la ley. ¿Resulta de aplicación la exención por reinversión en vivienda habitual en IRPF por la cantidad pagada con la firma del contrato de arras?

RESPUESTA

No, al no producirse la adquisición dentro del plazo establecido de 2 años, el contribuyente perderá el derecho a exonerar la ganancia patrimonial generada con la transmisión.

La **consulta vinculante de la Dirección General de Tributos (V0054-24), de 14 de febrero de 2024**, se pronuncia en este sentido recalcando que para que la ganancia patrimonial obtenida con la venta quede exenta será necesario reinvertir el importe total obtenido en la adquisición o rehabilitación de una nueva vivienda habitual en el plazo de los dos años anteriores o posteriores a la fecha de la enajenación, y señalando:

> «En cuanto a considerar la fecha de firma del contrato de arras hay que decir que en ningún caso dicho contrato es sinónimo al concepto de adquisición requerido. **La adquisición de vivienda debe entenderse en sentido jurídico, esto es, cuando se produce conforme con las disposiciones del Código Civil.**
>
> La fecha de adquisición de inmuebles se determinará de acuerdo con lo establecido en el artículo 1.462 del Código Civil, el cual dispone:
>
> "Se entenderá entregada la cosa vendida, cuando se ponga en poder y posesión del comprador.
>
> Cuando se haga la venta mediante escritura pública, el otorgamiento de ésta equivaldrá a la entrega de la cosa objeto del contrato, si de la misma escritura no resultare o se dedujere claramente lo contrario".
>
> A mayor ahondamiento, para determinar la fecha de adquisición, debe tenerse en consideración que el Derecho español, según el Tribunal Supremo y la opinión mayoritaria de la doctrina, recoge la teoría del título y el modo, de tal manera que "la constancia de un contrato de compraventa en documento privado no transfiere por sí sola el dominio si no se acredita la tradición de la cosa vendida" (Sentencia de 27 de abril de 1983). La tradición puede realizarse de múltiples formas, entre las que pueden citarse para los bienes inmuebles: la puesta en poder y posesión de la cosa vendida, la entrega de las llaves o de los títulos de pertenencia o el otorgamiento de escritura pública; dicho otorgamiento, conforme dispone el Código Civil, equivale a la entrega siempre y cuando de ésta no resulte o se deduzca lo contrario».

Para la consumación del contrato de compraventa es necesaria la entrega de la cosa y el pago del precio. Por tanto, la vivienda habitual se considerará transmitida desde la fecha de la escritura de compraventa, momento en el que se produce la *traditio* del inmueble y el pago del precio.

En conclusión, al no producirse la adquisición dentro del plazo de los 2 años, el contribuyente perdería su derecho a exonerar de gravamen la totalidad de la ganancia patrimonial generada con la venta.

Caso práctico | En la exención por reinversión, ¿es posible ampliar el plazo considerando retrasos no imputables al contribuyente?

PLANTEAMIENTO

Una persona vende la que era su vivienda habitual. Previamente, había firmado un contrato de alquiler con opción de compra con la idea de que esta constituyera su nueva vivienda habitual. Como tiene previsto formalizar la compra antes de dos años, en la declaración del IRPF del ejercicio de la venta, declara la ganancia y solicita la exención por reinversión. Al final, la compra no puede realizarse dentro del plazo de dos años porque los copropietarios están a la espera de que se resuelva una demanda sobre la adopción de medidas de apoyo a las personas con discapacidad de uno de ellos.

Ante la cercanía del fin del plazo, uno de los copropietarios formaliza un acta de manifestación ante notario en la que se establece que, una vez dictada la resolución de medidas de apoyo, la venta se llevará a efecto en un breve plazo.

Las cuestiones que se le plantean al contribuyente son: ¿podría ampliarse el plazo teniendo en cuenta que el retraso no le es imputable? ¿el acta de manifestación tendría valor a los efectos de tener por realizada la reinversión?

RESPUESTA

En el caso que se ha planteado debemos señalar que el contribuyente **no podrá aplicar la exoneración por reinversión en vivienda habitual** porque, según lo expuesto, la adquisición se realizará cuando haya transcurrido el plazo de dos años que se establece en el art. 41 del RIRPF.

Para dar respuesta a las cuestiones que se recogen en el planteamiento resulta de interés la consulta vinculante de la **DGT (V0126-24), de 15 de febrero de 2024**.

Por otra parte, no es posible que el plazo sea ampliado. El art. 41 del RIRPF en su apartado tercero señala que la reinversión debe efectuarse en un período no superior a dos años desde la fecha de transmisión de la vivienda habitual. Por tanto, si la adquisición no se produce dentro de dicho plazo, el contribuyente no podrá exonerar de gravamen la ganancia patrimonial generada, puesto que **la regulación no prevé supuestos de ampliación** del referido plazo de dos años.

En relación con los efectos que cabría conceder a la formalización del acta de manifestación, debemos indicar que esta formalización **no produce la adquisición jurídica de la vivienda por parte del contribuyente**. Es por ello que no sería posible acogerse a la exención al no cumplirse el requisito de reinvertir el importe obtenido en la adquisición de la nueva vivienda habitual dentro del plazo que exige la normativa del impuesto.

Caso práctico | Exención en IRPF por reinversión en vivienda habitual si se compra una nueva vivienda y se rehabilita

PLANTEAMIENTO

Jaime ha vendido su vivienda habitual. Posteriormente, va a destinar las cantidades obtenidas a la adquisición de una nueva vivienda habitual, en la que tendrá que realizar una rehabilitación integral para que pueda ser habitable.

Se cumplen los requisitos generales para que pueda aplicar en su IRPF la exención por reinversión en vivienda habitual (carácter habitual de ambas viviendas, plazo de reinversión, etc.). Sin embargo, Jaime tiene dudas sobre el alcance de la exención: ¿se considerarán reinvertidas tanto las cantidades utilizadas para la compra de la nueva vivienda como las destinadas a su rehabilitación o solo las primeras?

RESPUESTA

Entendiendo que se cumplen las condiciones necesarias para que proceda la exención en IRPF por reinversión en vivienda habitual, y a los efectos de dicho beneficio fiscal, podrán considerarse reinvertidos en una nueva vivienda habitual tanto los importes destinados a la compra como los empleados en las obras de rehabilitación, siempre que dichas obras cumplan los requisitos que exige el artículo 41 del RIRPF.

La exención en IRPF por reinversión en vivienda habitual se regula en el apartado 1 del artículo 38 de la LIRPF y en los artículos 41 y 41 bis del RIRPF. Conforme a ellos, para que la ganancia patrimonial obtenida en la transmisión de la vivienda habitual quede exenta en su totalidad es necesario reinvertir el importe total obtenido en la transmisión en la adquisición o rehabilitación de una nueva vivienda habitual, cumpliéndose el resto de los requisitos que especifican esos preceptos. Si el importe reinvertido fuera inferior al total de lo percibido en la transmisión, solo se excluirá de tributación la parte proporcional de la ganancia patrimonial obtenida que corresponda a la cantidad reinvertida.

A la vista del planteamiento, parece que no existirían dudas para considerar que los importes utilizados en la adquisición de la nueva vivienda habitual constituyen una reinversión a efectos de la exención, pues se señala que se cumplen los requisitos para su aplicación. En el caso de las cantidades destinadas a las obras de rehabilitación, debe acudirse al artículo 41.1 del RIRPF, que establece lo siguiente:

> «1. Podrán gozar de exención las ganancias patrimoniales que se pongan de manifiesto en la transmisión de la vivienda habitual del contribuyente cuando el importe total obtenido se reinvierta en la adquisición de una nueva vivienda habitual, en las condiciones que se establecen en este artículo. Cuando para adquirir la vivienda transmitida el contribuyente hubiera utilizado financiación ajena, se considerará, exclusivamente a estos efectos, como importe

total obtenido el resultante de minorar el valor de transmisión en el principal del préstamo que se encuentre pendiente de amortizar en el momento de la transmisión.

A estos efectos, se asimila a la adquisición de vivienda su rehabilitación, teniendo tal consideración las obras en la misma que cumplan cualquiera de los siguientes requisitos:

a) Que se trate de actuaciones subvencionadas en materia de rehabilitación de viviendas en los términos previstos en el Real Decreto 233/2013, de 5 de abril, por el que se regula el Plan Estatal de fomento del alquiler de viviendas, la rehabilitación edificatoria, y la regeneración y renovación urbanas, 2013-2016.

b) Que tengan por objeto principal la reconstrucción de la vivienda mediante la consolidación y el tratamiento de las estructuras, fachadas o cubiertas y otras análogas siempre que el coste global de las operaciones de rehabilitación exceda del 25 por ciento del precio de adquisición si se hubiese efectuado ésta durante los dos años inmediatamente anteriores al inicio de las obras de rehabilitación o, en otro caso, del valor de mercado que tuviera la vivienda en el momento de dicho inicio. A estos efectos, se descontará del precio de adquisición o del valor de mercado de la vivienda la parte proporcional correspondiente al suelo.

(...)».

Por lo tanto, para que las obras puedan considerarse de rehabilitación a los efectos de la exención y quedar asimiladas a la adquisición de vivienda, será necesario [consulta vinculante de la Dirección General de Tributos (V0448-24), de 19 de marzo de 2024]:

- En primer lugar, que la mayor parte del importe de la obra se destine a la consolidación o tratamiento de elementos estructurales de la edificación (estructuras, fachadas, cubiertas o elementos estructurales análogos), sin que queden incluidas en dicho concepto las obras de readaptación, redistribución, reacondicionamiento y mejora o reforma de la vivienda, tales como redistribución del espacio interior, cambio o modernización de instalaciones de fontanería, calefacción, electricidad, gas, solado, alicatado, carpintería, bajada de techos, etc.

- En segundo lugar, que, además, los costes totales de la obra excedan del 25 % del precio de adquisición si esta se hubiese efectuado durante los dos años inmediatamente anteriores al inicio de las obras de rehabilitación o, en otro caso, del valor de mercado que tuviera la vivienda en el momento de dicho inicio.

Determinar que unas concretas obras tienen la consideración de rehabilitación a estos efectos es una cuestión de hecho, que deberá acreditarse a través de los medios de prueba admitidos en derecho, conforme al artículo 106 de la LGT, y cuya valoración corresponde a los órganos de gestión e inspección de la Administración tributaria.

Así las cosas, **si las obras no reúnen los requisitos mencionados**, únicamente **podrían entenderse reinvertidas en la nueva vivienda habitual las cantidades destinadas a su adquisición**. Además, en el caso de que el importe de la reinversión sea inferior al total obtenido en la venta de la antigua vivienda, solo se excluirá de gravamen la parte proporcional de la ganancia patrimonial que corresponda a la cantidad efectivamente invertida en las condiciones que establece el artículo 41 del RIRPF.

A TENER EN CUENTA. En el caso planteado, solo se considerarán cantidades reinvertidas en la compra de la nueva vivienda habitual o, en su caso, en su rehabilitación, las que sean satisfechas en los dos años posteriores a la transmisión de la anterior vivienda habitual.

Caso práctico | Incumplimiento de los requisitos para la exención en IRPF por reinversión en vivienda habitual y regularización

PLANTEAMIENTO

Sonia vendió su vivienda habitual en enero de 2022 y reinvirtió el importe obtenido en la adquisición de una nueva vivienda habitual en abril de ese mismo año. Al presentar la declaración de la renta correspondiente, se aplicó la exención por reinversión en vivienda habitual y toda la ganancia patrimonial generada quedó excluida de gravamen.

Por motivos personales, en marzo de 2024 vende la vivienda adquirida y se muda a otro punto del país en régimen de alquiler. En ese momento, se produce el incumplimiento del requisito de mantener ese inmueble como su vivienda habitual durante al menos tres años, ya que su traslado no responde a ninguno de los motivos que permiten exceptuarlo.

¿Cómo debe regularizar su situación a efectos del IRPF tras el incumplimiento de los requisitos para disfrutar de ese beneficio fiscal? ¿Qué plazo tendrá para hacerlo?

RESPUESTA

Sonia tendrá que regularizar su situación tributaria imputando la ganancia patrimonial no exenta al año de su obtención, practicando una autoliquidación complementaria del ejercicio 2022, con inclusión de los intereses de demora. La complementaria tendrá que presentarse en el plazo que media entre la fecha en la que se produce el incumplimiento de los requisitos (marzo de 2024) y la finalización del plazo reglamentario de declaración del IRPF del ejercicio 2024 (que se producirá, previsiblemente, en junio/julio de 2025).

Conforme al apartado 5 del artículo 41 del RIRPF:

> «5. El incumplimiento de cualquiera de las condiciones establecidas en este artículo determinará el sometimiento a gravamen de la parte de la ganancia patrimonial correspondiente.
> En tal caso, el contribuyente imputará la parte de la ganancia patrimonial no exenta al año de su obtención, practicando autoliquidación complementaria, con inclusión de los intereses de demora, y se presentará en el plazo que medie entre la fecha en que se produzca el incumplimiento y la finalización del plazo reglamentario de declaración correspondiente al período impositivo en que se produzca dicho incumplimiento».

Por lo tanto, el incumplimiento de las condiciones exigidas para exención por reinversión en vivienda habitual (en este caso, del plazo de tres años de residencia en la nueva vivienda) supone que deba presentarse una autoliquidación complementaria del período impositivo en el que se obtuvo la ganancia patrimonial (sería el ejercicio 2022); en la que se incorpore la ganancia patrimonial no exenta y los intereses de demora, aplicados sobre la cuota a ingresar, al tipo o tipos vigentes durante el tiempo transcurrido desde la finalización del plazo de presentación de declaración del período impositivo correspondiente hasta la fecha de la regularización [consulta vinculante de la DGT (V1394-24), de 12 de junio de 2024].

La autoliquidación complementaría tendrá que presentarse en el plazo que medie entre la fecha en la que se produzca el incumplimiento (parece que sería en marzo de 2024) y la finalización del plazo reglamentario de declaración del IRPF correspondiente al período impositivo en el que se produce ese incumplimiento (es decir, la terminación del plazo para presentar la declaración de la renta del ejercicio 2024, cuya campaña previsiblemente se producirá entre abril y junio/julio de 2025).

Caso práctico | ¿Puede aplicarse la exención por reinversión en vivienda habitual en IRPF si la adquirida se alquila un mes al año?

PLANTEAMIENTO

Una persona vende su vivienda habitual y reinvierte en ese mismo año el importe obtenido en una nueva vivienda habitual. Pasados dos años, se plantea alquilar dicha vivienda durante un mes cada año.

Con ello, ¿la vivienda perdería la consideración de vivienda habitual a los efectos de la exención por reinversión en IRPF?

RESPUESTA

A un caso como el planteado ha dado respuesta la **consulta vinculante de la DGT (V2985-23), de 14 de noviembre de 2023**. En ese sentido, conviene partir del hecho de que, para poder acogerse a la exención, la consideración como habitual de la vivienda ha de concurrir en ambas viviendas —la que se trasmite y la que se adquiere—.

Conforme a la regulación de la exención que se contiene en el RIRPF, para que la ganancia patrimonial obtenida en la transmisión de la vivienda habitual resulte exenta es necesario **reinvertir**, total o parcialmente, lo obtenido en **la adquisición o rehabilitación de una nueva vivienda habitual**, debiendo realizarse esa reinversión en un plazo de los dos años anteriores o posteriores a contar desde la fecha de la enajenación. En ese sentido, el artículo 41 bis del RIRPF señala:

> «1. A los efectos previstos en los artículos 7.t), 33.4.b), y 38 de la Ley del Impuesto se considera vivienda habitual del contribuyente la edificación que constituya su residencia durante un plazo continuado de, al menos, tres años.
>
> No obstante, se entenderá que la vivienda tuvo el carácter de habitual cuando, a pesar de no haber transcurrido dicho plazo, se produzca el fallecimiento del contribuyente o concurran otras circunstancias que necesariamente exijan el cambio de domicilio, tales como celebración de matrimonio, separación matrimonial, traslado laboral, obtención del primer empleo, o cambio de empleo, u otras análogas justificadas.
>
> 2. Para que la vivienda constituya la residencia habitual del contribuyente debe ser habitada de manera efectiva y con carácter permanente por el propio contribuyente, en un plazo de doce meses, contados a partir de la fecha de adquisición o terminación de las obras.
>
> No obstante, se entenderá que la vivienda no pierde el carácter de habitual cuando se produzcan las siguientes circunstancias:
>
> Cuando se produzca el fallecimiento del contribuyente o concurran otras circunstancias que necesariamente impidan la ocupación de la vivienda, en los términos previstos en el apartado 1 de este artículo.
>
> Cuando éste disfrute de vivienda habitual por razón de cargo o empleo y la vivienda adquirida no sea objeto de utilización, en cuyo caso el plazo antes indicado comenzará a contarse a partir de la fecha del cese.

Cuando la vivienda hubiera sido habitada de manera efectiva y permanente por el contribuyente en el plazo de doce meses, contados a partir de la fecha de adquisición o terminación de las obras, el plazo de tres años previsto en el apartado anterior se computará desde esta última fecha.

3. A los exclusivos efectos de la aplicación de las exenciones previstas en los artículos 33.4. b) y 38 de la Ley del Impuesto, se entenderá que el contribuyente está transmitiendo su vivienda habitual cuando, con arreglo a lo dispuesto en este artículo, dicha edificación constituya su vivienda habitual en ese momento o hubiera tenido tal consideración hasta cualquier día de los dos años anteriores a la fecha de transmisión».

En el caso que se ha planteado esta reinversión se ha producido, por lo que sería posible aplicar la exención. Ahora bien, para ello es preciso que la nueva vivienda adquiera la condición de vivienda habitual, lo que se producirá una vez que la **contribuyente reside en la vivienda durante un plazo continuado de, al menos, tres años**.

Por tanto, en el caso de que, antes del transcurso de ese plazo de residencia continuada de al menos tres años, decida alquilar la vivienda durante un mes cada año, **la vivienda no alcanzaría la condición de vivienda habitual para la contribuyente y, en consecuencia, no sería de aplicación la exención por reinversión a la ganancia patrimonial obtenida**.

En caso de que efectivamente la contribuyente decida alquilar la vivienda por un período de tiempo del período impositivo, conforme establece el art. 41.5 del RIRPF, al incumplirse la condición exigida de que vivienda adquirida constituya vivienda habitual, se producirá el **sometimiento a gravamen de la ganancia patrimonial correspondiente. En este caso, ¿qué debería hacer la contribuyente?** Debería **presentar una autoliquidación complementaria** del período impositivo en el que se obtuvo la referida ganancia patrimonial, incluyendo esta ganancia patrimonial no exenta y los intereses de demora, aplicados sobre la cuota a ingresar, al tipo o tipos vigentes durante el tiempo transcurrido desde la finalización del plazo de presentación de declaración del período impositivo hasta la fecha de la regularización. La referida autoliquidación complementaria se presentará en el plazo que medie entre la fecha en que se produzca el incumplimiento y la finalización del plazo reglamentario de declaración correspondiente al período impositivo en que se produzca dicho incumplimiento.

Caso práctico | Exención en IRPF por reinversión si se vende la vivienda ganancial y se reinvierte en una privativa

PLANTEAMIENTO

Dos cónyuges, casados en régimen de gananciales, residieron durante casi diez años en una vivienda ganancial, de titularidad de ambos al 50 %. Van a divorciarse, así que en 2024 enajenan la vivienda ganancial y después disuelven y liquidan el régimen de gananciales. Posteriormente, cada uno de ellos reinvertirá el importe obtenido en la compra de su respectiva nueva vivienda habitual.

Entendiendo que se cumplen los requisitos para la exención en IRPF por reinversión en vivienda habitual, ¿por qué parte podrá aplicarla cada cónyuge?

RESPUESTA

Si los excónyuges cumplen los requisitos para la exención por reinversión en vivienda habitual, podrán acogerse a ella por la parte que, del 50 % del total obtenido en la venta de la vivienda ganancial, cada uno reinvierta en adquirir su respectiva nueva vivienda habitual privativa.

Conforme al artículo 11 de la LIRPF (apartados 5 y 3), la titularidad de los bienes y derechos que, conforme a las disposiciones o pactos reguladores del correspondiente régimen económico matrimonial, sean comunes a ambos cónyuges, se atribuirá por mitad a cada uno de ellos, salvo que se justifique otra cuota de participación. Así las cosas, y habida cuenta de los artículos 1344 y 1347 del CC, como la **titularidad de la vivienda transmitida era común** a ambos cónyuges, **la ganancia patrimonial generada por su venta se atribuirá por mitad a cada uno de ellos**.

Por otra parte, como tras la venta se disuelve y liquida el régimen de gananciales, las viviendas que cada uno adquiera con posterioridad tendrán carácter privativo.

Conforme al apartado 1 del artículo 38 de la LIRPF:

«1. Podrán excluirse de gravamen las ganancias patrimoniales obtenidas por la transmisión de la vivienda habitual del contribuyente, siempre que el importe total obtenido por la transmisión se reinvierta en la adquisición de una nueva vivienda habitual en las condiciones que reglamentariamente se determinen.

Cuando el importe reinvertido sea inferior al total de lo percibido en la transmisión, únicamente se excluirá de tributación la parte proporcional de la ganancia patrimonial obtenida que corresponda a la cantidad reinvertida».

A su vez, el artículo 41 del RIRPF especifica:

«1. Podrán gozar de exención las ganancias patrimoniales que se pongan de manifiesto en la transmisión de la vivienda habitual del contribuyente cuando el importe total obtenido se reinvierta en la adquisición de una nueva vivienda habitual, en las condiciones que se establecen en este artículo. Cuando para adquirir la vivienda transmitida el contribuyente hubiera utilizado financiación ajena, se considerará, exclusivamente a estos efectos, como importe total obtenido el resultante de minorar el valor de transmisión en el principal del préstamo que se encuentre pendiente de amortizar en el momento de la transmisión.

(...)

4. En el caso de que el importe de la reinversión fuera inferior al total obtenido en la enajenación, solamente se excluirá de gravamen la parte proporcional de la ganancia patrimonial que corresponda a la cantidad efectivamente invertida en las condiciones de este artículo.

(...)».

Por lo tanto, si los excónyuges **cumplen, cada uno de ellos, los requisitos** para la exención por reinversión en vivienda habitual (carácter habitual de ambas viviendas, plazos, etc.), **podrán acogerse a ella por la parte que, del 50 % del total obtenido en la venta de la vivienda ganancial, cada uno reinvierta en adquirir su respectiva nueva vivienda habitual privativa.** En ese sentido se pronuncia, por ejemplo, la consulta vinculante de la Dirección General de Tributos (V2728-20), de 7 de septiembre de 2020.

Caso práctico | ¿Cabe la exención en IRPF por reinversión en vivienda habitual si se compran plazas de garaje y trastero?

PLANTEAMIENTO

A principios de 2024, un matrimonio adquirió una vivienda con una plaza de garaje y un trastero, conjuntamente en una sola escritura. Además, también adquirió una plaza de garaje adicional, en escritura separada, pero en el mismo acto y con entrega en el mismo momento. Las dos plazas de garaje y el trastero forman parte del mismo edificio y se destinan al uso privativo de los adquirentes.

En noviembre de 2024, los cónyuges se trasladan a vivir a ese nuevo inmueble y venden su previa vivienda habitual. Se cumplen los requisitos y plazos para aplicar la exención por reinversión en vivienda habitual del apartado 1 del artículo 38 de la LIRPF.

A los efectos de dicha exención, ¿podrán considerar como importe reinvertido tanto las cantidades destinadas a la compra de la vivienda con plaza de garaje y trastero, como las destinadas a la compra de la segunda plaza de garaje?

RESPUESTA

A la vista del artículo 55.2.c) del RIRPF, en su redacción vigente hasta 31 de diciembre de 2012, y el criterio que viene manteniendo la DGT, como las plazas de garaje y el trastero se encuentran en el mismo edificio que la vivienda y todos los inmuebles se adquirieron en el mismo acto, parece que las cantidades destinadas a su adquisición también podrían considerarse como importe reinvertido a efectos de la exención. Aunque, eso sí, siempre que efectivamente se cumplan los plazos y requisitos que la normativa del tributo exige para su aplicación.

La exención por reinversión en vivienda habitual se regula en el artículo 38.1 de la LIRPF y en el artículo 41 del RIRPF. Conforme a ella, podrán excluirse de gravamen las ganancias patrimoniales obtenidas por la transmisión de la vivienda habitual del contribuyente, siempre que el importe obtenido por la transmisión se reinvierta en la adquisición de una nueva vivienda habitual en las condiciones y plazos que se determinan reglamentariamente. Para su aplicación se exige, entre otros requisitos, que tanto la vivienda que se transmite como la que se adquiere tengan la consideración de vivienda habitual.

De cara a la calificación de la vivienda como habitual, debe acudirse al artículo 41 bis de la LIRPF, a cuyo tenor:

> «1. A los efectos previstos en los artículos 7.t), 33.4.b), y 38 de la Ley del Impuesto se considera vivienda habitual del contribuyente la edificación que constituya su residencia durante un plazo continuado de, al menos, tres años.
>
> No obstante, se entenderá que la vivienda tuvo el carácter de habitual cuando, a pesar de no haber transcurrido dicho plazo, se produzca el fallecimiento del contribuyente o concurran otras circunstancias que necesariamente exijan

el cambio de domicilio, tales como celebración de matrimonio, separación matrimonial, traslado laboral, obtención del primer empleo, o cambio de empleo, u otras análogas justificadas.

(...)

3. A los exclusivos efectos de la aplicación de las exenciones previstas en los artículos 33.4. b) y 38 de la Ley del Impuesto, se entenderá que el contribuyente está transmitiendo su vivienda habitual cuando, con arreglo a lo dispuesto en este artículo, dicha edificación constituya su vivienda habitual en ese momento o hubiera tenido tal consideración hasta cualquier día de los dos años anteriores a la fecha de transmisión».

A la hora de delimitar qué se entiende por vivienda habitual del contribuyente, el apartado 2.c) del artículo 55 del RIRPF, en su redacción vigente hasta 31 de diciembre de 2012, especificaba que no se está ante un supuesto de adquisición de vivienda cuando se adquieran, independientemente de esta, plazas de garaje, jardines, parques, piscinas, instalaciones deportivas y, en general, los anexos o cualquier otro elemento que no constituya la vivienda propiamente dicha. Sin embargo, y como excepción a la regla general, **asimilaba a viviendas las plazas de garaje adquiridas con estas, con un máximo de dos.**

En ese sentido, tal y como indica la Dirección General de Tributos en su consulta vinculante (V1484-24), de 18 de junio de 2024, «si bien en principio la adquisición de plazas de garaje y trasteros no se asimilaba a la de la vivienda propiamente dicha, en relación con dicha excepción, el criterio de éste Centro Directivo es que para que se produzca tal asimilación **es necesario que las plazas de garaje y los trasteros se encuentren en el mismo edificio o complejo inmobiliario de la vivienda, y que la adquisición, tanto de la vivienda como de las plazas de garaje y los trasteros, se hubiera producido en el mismo acto, aunque podía ser en documento distinto, entregándose todas en el mismo momento. No podrá tener uso distinto al privativo del propio adquirente, en caso alguno**».

Por lo tanto, como se indica que las plazas de garaje y el trastero se encuentran en el mismo edificio que la vivienda y que todos los inmuebles se adquirieron y entregaron en el mismo acto, parece que las cantidades destinadas a su adquisición también podrían considerarse como importe reinvertido a efectos de la exención. Aunque, eso sí, siempre que efectivamente se cumplan los plazos y requisitos que la normativa del tributo establece para su aplicación.

Caso práctico | ¿El teletrabajo justifica el cambio de vivienda a efectos de excepcionar los tres años exigidos para que se considere vivienda habitual de cara a la exención en IRPF de la ganancia patrimonial?

PLANTEAMIENTO

Un contribuyente ha vendido su vivienda habitual tras un año y medio residiendo en la misma y ha reinvertido en la compra de una nueva vivienda. El contribuyente alega que el cambio de residencia se debe a un cambio de trabajo presencial a teletrabajo, ya que en la vivienda vendida no disponía de espacio suficiente para instalar un despacho en el que llevar a cabo su trabajo. ¿Puede este cambio considerarse una excepción al plazo de los tres años exigido para que se considere la vivienda transmitida como vivienda habitual a efectos de la exención por reinversión en IRPF?

RESPUESTA

Si bien en un principio esta situación no se recoge entre las causas que excepcionan el plazo de los tres años, habría que valorar las circunstancias del caso concreto.

Para determinar si el cambio de residencia del contribuyente puede considerarse como una excepción al plazo de tres años exigido para calificar la vivienda como habitual, debemos analizar la normativa vigente, en particular, lo dispuesto en el artículo 41 del Reglamento del Impuesto sobre la Renta de las Personas Físicas (RIRPF) y en el artículo 41 bis, que regula el concepto de vivienda habitual a estos efectos.

El artículo 41.1 del RIRPF establece que podrán gozar de exención las ganancias patrimoniales que se pongan de manifiesto en la transmisión de una vivienda habitual siempre que el importe obtenido se reinvierta en la adquisición de una nueva vivienda habitual. A este respecto, el artículo 41 bis del RIRPF aclara que, para que se considere que una vivienda es habitual, debe ser la residencia del contribuyente durante un período continuado de, al menos, tres años, salvo en ciertas circunstancias que justifiquen y necesariamente exijan el cambio de domicilio.

Entre las circunstancias que justifican dicho cambio, se incluyen situaciones como el fallecimiento del contribuyente, el matrimonio, separación matrimonial o un traslado laboral. Sin embargo, tal y como se recoge en la **consulta vinculante (V2476-21), de 29 de septiembre de 2021**, la normativa no contempla explícitamente la falta de espacio para teletrabajar como una de estas circunstancias que exijan «necesariamente» el cambio de domicilio.

Tal y como recuerda la DGT, el fallecimiento es la única causa que opera de forma automática, mientras que en el resto de las circunstancias recogidas hay que probar la necesidad del cambio de vivienda.

El término «necesariamente» implica que el cambio debe ser obligado por factores que no están bajo el control del contribuyente. En este caso, aunque la falta de espacio para trabajar desde casa puede ser un motivo válido para desear un cambio de vivienda, no se puede considerar como una obligación que impida al contribuyente continuar residiendo en su vivienda habitual, y en este sentido señala la consulta mencionada que:

«(...) la aplicación de esta norma requiere **plantearse si ante una determinada situación, cambiar de domicilio es una opción para el contribuyente o queda al margen de su voluntad o conveniencia**; es decir, que el hecho de que concurra una de las circunstancias enumeradas u otras análogas no es determinante por sí solo, ni supone sin más, una excepción a la exigencia del plazo general de residencia efectiva durante tres años. En el primero de los casos, es decir, si el contribuyente mantiene la posibilidad de elegir, no se estará en presencia de una circunstancia que permita excepcionar el plazo de tres años, y por tanto, si el contribuyente decide cambiar de domicilio, no por ello la vivienda alcanzará la consideración de habitual. En la misma línea, puede afirmarse que si se prueba la concurrencia de circunstancias análogas a las enumeradas por la normativa se podrá excepcionar el plazo de tres años, siempre que las mismas exijan también el cambio de domicilio».

Por lo tanto, **la normativa no incluye específicamente el cambio de residencia alegado, basado en la ausencia de espacio para teletrabajar, entre las circunstancias que necesariamente exigen el cambio de domicilio**. Ahora bien, se trataría de **una cuestión de hecho que deberá ser valorada por los** órganos **de gestión e inspección de la Administración Tributaria**, que serán quienes deban decidir si las circunstancias concretas podrían justificar o no el cambio de vivienda.

En consecuencia, si el contribuyente ha vendido su vivienda habitual tras solo un año y medio de residencia y pretende beneficiarse de la exención por reinversión, tendrá que tener en cuenta que la DGT no lo considera un supuesto de los incluidos explícitamente en el RIRPF; por lo que, **en su caso, deberá aportar las pruebas pertinentes** para que los órganos de gestión e inspección de la Administración Tributaria valoren el caso concreto. En ese sentido, el contribuyente debe tener en cuenta que, en situaciones como esta, la carga de la prueba recae sobre él, siendo necesario acreditar las circunstancias que justificarían dicho cambio ante la Administración Tributaria, conforme al artículo 106 de la Ley General Tributaria.

Caso práctico | Aplicación de la exención cuando se vende una cuota proindiviso de un edificio

PLANTEAMIENTO

La contribuyente ha trasmitido una cuota proindiviso del 18 % del pleno dominio que ostentaba en un edificio que no está dividido horizontalmente, constando en Catastro la distribución de su superficie total entre los distintos pisos y locales que lo componen. La contribuyente tenía su vivienda habitual en uno de los pisos cuya superficie representa un 6,59 % del total de la superficie del edificio. Con el importe obtenido por la transmisión de su piso, la contribuyente pretende reinvertir en una vivienda habitual. ¿Puede aplicar la exención por reinversión?

RESPUESTA

La respuesta parece que ha de ser afirmativa, pero para llegar a esta conclusión es necesario hacer las siguientes precisiones y razonamientos.

En primer lugar, partimos del hecho de que el piso que constituía la vivienda habitual formaba parte de la cuota proindiviso del 18 % del pleno dominio que ostentaba la interesada y que se transmite junto con el resto de elementos que integraban esa cuota proindiviso.

Una vez precisado lo anterior es preciso recordar el contenido del art. 399 del CC:

«Todo condueño tendrá la plena propiedad de su parte y la de los frutos y utilidades que le correspondan, pudiendo en su consecuencia enajenarla, cederla o hipotecarla, y aun sustituir otro en su aprovechamiento, salvo si se tratare de derechos personales. Pero el efecto de la enajenación o de la hipoteca con relación a los condueños estará limitado a la porción que se le adjudique en la división al cesar la comunidad».

Por tanto, debemos entender que en la vivienda que se ha transmitido se cumplen los requisitos exigidos para la aplicación de la exención por cuanto ostentaba la propiedad de la vivienda integrada en la cuota proindivisa y ésta tenía la consideración de ser su vivienda habitual. Por todo ello, tal como concluye la **consulta vinculante de la DGT (V0595-22), de 21 de marzo de 2022**:

«(...) al transmitir su cuota proindiviso (18%) del pleno dominio que ostentaba del edificio, la consultante ha transmitido la plena propiedad en el porcentaje que le corresponde de titularidad jurídica (18%) de su vivienda habitual, junto con el resto de elementos integrantes de su cuota proindiviso. En consecuencia, siempre que la adquisición de la nueva vivienda habitual se produzca dentro del plazo de los dos años a contar desde la transmisión, la exención por reinversión será de aplicación, exclusivamente, a la parte proporcional de la ganancia patrimonial obtenida por la transmisión de su cuota proindiviso del pleno dominio que ostentaba del edificio, que corresponda a la transmisión de su porcentaje de titularidad jurídica del 18% de su vivienda habitual, y que, tal como parece deducirse de la lectura del escrito de consulta, es la que proporcionalmente se corresponde con el importe reinvertido en su nueva vivienda habitual».

Caso práctico | Posibilidad de aplicar la exención por reinversión en vivienda habitual en la compra previa de un solar

PLANTEAMIENTO

Un contribuyente ha vendido su vivienda habitual en septiembre del 2024. En diciembre del 2022 había comprado un solar y tras la venta inició la construcción de su vivienda habitual. A efectos de la exención por reinversión de la vivienda habitual, ¿la compra del solar puede tenerse en cuenta como reinversión?, ¿desde qué fecha debe contarse para el plazo de los dos años, desde la compra del solar o desde la venta?

RESPUESTA

El plazo de dos años para realizar la inversión se computa desde el momento de la venta, el solar adquirido con carácter previo a la venta de la vivienda habitual es computable a los efectos de entender realizada una reinversión y ello conforme a lo siguiente:

El apartado 3 del art. 41 del RIRPF señala que:

> «La reinversión del importe obtenido en la enajenación deberá efectuarse, de una sola vez o sucesivamente, en un período no superior a dos años desde la fecha de transmisión de la vivienda habitual o en un año desde la fecha de transmisión de las acciones o participaciones.
>
> (...)
>
> Igualmente darán derecho a la exención por reinversión las cantidades obtenidas en la enajenación que se destinen a satisfacer el precio de una nueva vivienda habitual que se hubiera adquirido en el plazo de los **dos años anteriores a la transmisión** de aquélla».

Del precepto transcrito se deduce que la inversión puede realizarse también con carácter previo a la venta de la vivienda —dos años anteriores— y así lo ha reconocido la DGT en la **consulta vinculante (V2091-22), de 30 de septiembre de 2022**, en la que señala:

> «No obstante, en relación con lo anterior, en caso de que se hayan invertido cantidades en la construcción de la nueva vivienda con carácter previo a la venta de la "antigua" nos lleva a citar la resolución 02463/2013/00/00, de 11 de septiembre de 2014, del Tribunal Económico-Administrativo Central, dictada en unificación de criterio, en la que se sostiene que para la aplicación de la exención, se requiere que el contribuyente invierta en el plazo de dos años, posteriores o anteriores a la venta, una cuantía equivalente al importe total obtenido por la transmisión. Es decir, no es preciso que los fondos obtenidos por la transmisión de la primera vivienda habitual sean directa, material y específicamente los mismos que los empleados para satisfacer el pago de la nueva, por lo que no debe distinguirse entre que el importe invertido en la

nueva vivienda estuviese a disposición del obligado tributario con anterioridad a la transmisión de la antigua o hubiese sido obtenido por causa de esa transmisión».

En cuanto al hecho de que la exención se realice por la reinversión en la adquisición del terreno en el que se pretende construir la vivienda habitual ha sido admitido por el Tribunal Supremo, tal como se recoge en la **sentencia n.° 176/2021, de 11 de febrero, ECLI:ES:TS:2021:614**, en la que se señala:

> «(...) el precio satisfecho en la compra del terreno que, de ser superior a la ganancia antes indicada, bastaría para tener por cumplido el requisito de la reinversión (...)».

Ahora bien, ha de tenerse en cuenta que para que la exención pueda aplicarse es preciso que también se cumpla el plazo de cuatro años de finalización de la obra desde el inicio de la inversión conforme a la **STS n.° 1098/2020, de 23 de julio, ECLI:ES:TS:2020:2698**:

> «En resumen, a la cuestión con interés casacional procede responder que en el ámbito del impuesto sobre la renta de las personas físicas, no puede considerarse exenta la ganancia patrimonial obtenida como consecuencia de la transmisión de una vivienda habitual cuando, habiéndose reinvertido el importe de dicha ganancia en la construcción de una nueva vivienda habitual en las condiciones del artículo 41 RIRPF, las obras no concluyan en el plazo de cuatro años a contar desde el inicio de la inversión, salvo que dicho plazo se haya ampliado, de conformidad con lo dispuesto en los apartados 3 y 4 del artículo 55 RIRPF, y se adquiera la propiedad de la nueva vivienda».

Esto supone que para poder aplicar la exención la construcción de la nueva vivienda habitual debe finalizarse en un plazo de cuatro años desde la compra del terreno, al ser esta la fecha en la que se satisface la primera cantidad que se pretende considerar reinvertido tal como se ha señalado en la **consulta vinculante de la DGT (V1553-24), de 25 de junio de 2024**:

> «Asimismo, la vivienda deberá finalizarse en los plazos establecidos en el artículo 55 del RIRPF antes reproducido, que se computarán desde que se realice el primer pago para la construcción de la vivienda que se considere importe reinvertido a efectos de la exención por reinversión en vivienda habitual».

Caso práctico | La reinversión en vivienda habitual a través de una cooperativa de vivienda

PLANTEAMIENTO

Un contribuyente decidió enajenar su vivienda habitual el 3 de noviembre de 2021, obteniendo una ganancia patrimonial que pretende que quede exenta de tributar en el IRPF dada su intención de reinvertir el dinero obtenido con la venta en la adquisición de una nueva vivienda habitual.

El contribuyente se unió a una cooperativa de viviendas para la construcción de su nueva vivienda habitual, con la expectativa de que las obras finalizaran en 2025. Sin embargo, a fecha 3 de noviembre de 2023, no ha podido reinvertir el total de la ganancia obtenida de la venta, ya que la cooperativa no acepta aportaciones adicionales hasta que se formalice la escritura de la nueva vivienda.

¿Puede aplicarse la exención por reinversión a pesar de no haber podido pagar la vivienda en su totalidad por causas ajenas a su voluntad?

RESPUESTA

No, solo se excluirá de gravamen la parte proporcional de la ganancia patrimonial que se corresponda con la cantidad efectivamente invertida en dicha adquisición, y siempre que la construcción finalice en el plazo de 4 años.

De acuerdo con lo dispuesto en el artículo 38 de la Ley de Impuesto sobre la Renta de las Personas Físicas (LIRPF) y su desarrollo en el artículo 41 del Reglamento del Impuesto (RIRPF), la exención por reinversión en vivienda habitual exige que el importe total obtenido por la venta de la vivienda habitual se reinvierta en la adquisición de una nueva vivienda habitual en un plazo no superior a dos años desde la transmisión.

En un supuesto similar al expuesto, **la consulta vinculante de la Dirección General de Tributos (V1667-24), de 10 de julio de 2024**, recuerda la doctrina del Tribunal Supremo, citando la **STS n.º 1098/2020, de 23 de julio, ECLI:ES:TS:2020:2698**, en la que se señalaba que: «En resumen, a la cuestión con interés casacional procede responder que en el ámbito del impuesto sobre la renta de las personas físicas, no puede considerarse exenta la ganancia patrimonial obtenida como consecuencia de la transmisión de una vivienda habitual cuando, habiéndose reinvertido el importe de dicha ganancia en la construcción de una nueva vivienda habitual en las condiciones del artículo 41 RIRPF, las obras no concluyan en el plazo de cuatro años a contar desde el inicio de la inversión, salvo que dicho plazo se haya ampliado, de conformidad con lo dispuesto en los apartados 3 y 4 del artículo 55 RIRPF, y se adquiera la propiedad de la nueva vivienda».

Concluye la DGT destacando dos aspectos a tener en cuenta cuando se reinvierte en construcción futura:

> «1°) Que se aplique la totalidad del importe percibido por la venta de la anterior vivienda a la construcción de la nueva vivienda, dentro del plazo de reinversión de dos años a partir de la venta de la antigua vivienda habitual establecido en el artículo 38.1 de la LIRPF y 41 del RIRPF. En caso de reinversión

parcial, conforme al artículo 41.4 del RIRPF solamente se excluirá de gravamen la parte proporcional de la ganancia patrimonial que corresponda a la **cantidad efectivamente invertida** en las condiciones de dicho artículo.

2º) Que la nueva vivienda se construya en los plazos establecidos en el artículo 55 del RIRPF. En consecuencia, no procederá la aplicación de la exención cuando el interesado no haya acreditado que **las obras fueron finalizadas y le fueron entregadas, dentro del plazo de cuatro años** reglamentariamente establecido, a contar desde el inicio de la inversión, salvo que dicho plazo se haya ampliado de conformidad con lo dispuesto en los apartados 3 y 4 del artículo 55 del RIRPF».

Por tanto, resuelve la DGT que **los pagos realizados tras el plazo establecido de 2 años no tendrán la consideración de importe reinvertido**, y que, al tratarse de una cooperativa para construir una vivienda, la misma deberá finalizarse en los plazos establecidos en el art. 55 del RIRPF, computados desde que se realice el primer pago para la construcción de la vivienda.

A TENER EN CUENTA. El art. 55 del RIRPF ha sido derogado por el Real Decreto 960/2013, de 5 de diciembre, con efectos desde el 1 de enero de 2013, si bien sigue siendo tenido en cuenta a la hora de valorar el plazo de 4 años para finalizar la construcción, tal y como se ve en la mentada consulta vinculante de 10 de julio de 2024.

Caso práctico | ¿Puede el nacimiento de un hijo justificar un cambio de domicilio a efectos de lo dispuesto en el art. 41 bis del RIRPF?

PLANTEAMIENTO

A la hora de aplicar la exención en el IRPF de la ganancia obtenida por la venta de la vivienda habitual, la LIRPF y el RIRPF establecen la obligación de reinvertir el importe total obtenido con la venta en una nueva vivienda habitual. Para entender que la vivienda vendida tiene la consideración de vivienda habitual el art. 41 bis del RIRPF dispone que debe constituir la residencia del contribuyente durante el plazo de 3 años. Dicho plazo se excepciona cuando concurran determinadas circunstancias que necesariamente exijan el cambio de domicilio. ¿Puede entenderse que la maternidad o la paternidad justifica dicho cambio de domicilio?

RESPUESTA

Si bien dependerá de la valoración de las circunstancias del caso concreto, hay que tener en cuenta que la normativa no incluye específicamente entre las circunstancias que necesariamente exigen cambio de domicilio el nacimiento de un hijo. Esta cuestión ha sido recurrentemente planteada ante la Dirección General de Tributos, que, si bien ha dejado claro que debe ser una circunstancia valorada por los órganos de gestión e inspección de la Administración Tributaria, también recalca que en principio debe considerarse el cambio de vivienda como una decisión voluntaria y no necesaria.

A modo de ejemplo podemos citar distintas consultas vinculantes de la Dirección General de Tributos que abordan este tema:

- Consulta vinculante (V2325-22), de 4 de noviembre de 2022, en la que el contribuyente alegaba que la vivienda vendida se encontraba situada en un entorno poblacional aislado que carecía de servicios básicos y necesarios, lo que motiva que a raíz de la nueva paternidad adquieran una nueva vivienda cercana a un núcleo de población más acorde a las necesidades de la familia.

- Consulta vinculante (V1758-22), de 22 de julio de 2022, en la que tras la llegada de un hijo los contribuyentes desean cambiar de domicilio debido a la insuficiencia de espacio en su vivienda habitual.

- Consulta vinculante (V2357-22), de 15 de noviembre de 2022, en la que el cambio de vivienda viene motivado por el nacimiento de un hijo y el deseo de los padres de residir en un núcleo urbano.

- Consulta vinculante (V0052-24), de 14 de febrero de 2024, que se resuelve sobre un supuesto en el cual se alegaba —entre otras causas— un parto múltiple que supuso un aumento inesperado de la unidad familiar.

En todas ellas la conclusión de la Dirección General de Tributos es la misma, y destaca que la expresión recogida en el art. 41 bis del RIRPF de «circunstancias que necesariamente exijan el cambio de domicilio» conlleva una obligatoriedad en el cambio, y consecuentemente «(...) requiere plantearse si ante una determinada situación, cambiar de domicilio es una opción para el contribuyente o queda al margen de su voluntad o conveniencia; es decir, que el hecho de que concurra una de las circunstancias enumeradas u otras análogas no es determinante por sí solo, ni supone sin más, una excepción a la exigencia del plazo general de residencia efectiva durante tres años. En el primero de los casos, es decir, **si el contribuyente mantiene la posibilidad de elegir, no se estará en presencia de una circunstancia que permita excepcionar el plazo de tres años**, y por tanto, si el contribuyente decide cambiar de domicilio, no por ello la vivienda alcanzará la consideración de habitual. En la misma línea, puede afirmarse que si se prueba la concurrencia de circunstancias análogas a las enumeradas por la normativa se podrá excepcionar el plazo de tres años, siempre que las mismas exijan también el cambio de domicilio».

Centrándose en la causa concreta del nacimiento de un hijo, la DGT añade:

«Respecto a argumentar la necesidad del cambio de residencia en la circunstancia sobrevenida del nacimiento de un hijo, cabe señalar que, la normativa del Impuesto no incluye específicamente, entre las circunstancias que necesariamente exigen el cambio de domicilio el traslado a otra vivienda para convivir con la pareja con la que se va a tener un hijo. No pudiendo contemplarse con carácter general incluida dentro de la expresión "u otras análogas" contenida en el artículo 41 bis del RIRPF. Debiendo considerarse, en principio, como así se ha manifestado reiteradamente este Centro Directivo, que, constituye una decisión voluntaria de los contribuyentes, no operando la excepción a la obligación de permanencia continuada en la vivienda durante, al menos, tres años, requeridos para alcanzar la consideración de habitual (Consultas V2540-09 de 18/11/2009, V2412-07 de 12/11/2007, V2416-09 de 29/10/2009, etc.); en consecuencia, de cambiar de residencia habitual antes del transcurso de los tres años preceptivos la vivienda no habrá alcanzado el carácter de habitual».

Es decir, respecto a argumentar la necesidad del cambio de residencia en la circunstancia sobrevenida del nacimiento de un hijo, cabe señalar que la normativa del Impuesto no incluye específicamente, entre las circunstancias que necesariamente exigen el cambio de domicilio, el traslado a otra vivienda para convivir con el nuevo hijo. No pudiendo contemplarse con carácter general incluida dentro de la expresión «u otras análogas» contenida en el artículo 41 bis del RIRPF. Debiendo considerarse, en principio, que constituye una decisión voluntaria de los contribuyentes, no operando la excepción a la obligación de permanencia continuada en la vivienda durante, al menos, tres años, requeridos para alcanzar la consideración de habitual. En consecuencia, de cambiar de residencia habitual antes del transcurso de los tres años preceptivos, la vivienda no habrá alcanzado el carácter de habitual. No obstante, tratándose de una cuestión de hecho, la valoración de necesidad corresponde efectuarla, en todo caso, a los órganos de gestión e inspección de la Administración Tributaria.

Por tanto, podemos concluir que, si bien estamos ante una circunstancia que debe ser valorada por los órganos de gestión e inspección de la Administración Tributaria, en principio la DGT no considera que sea suficiente el nacimiento de un hijo para justificar el cambio de domicilio a los efectos de excepcionar el plazo de 3 años del art. 41 bis del RIRPF.

Caso práctico | ¿Sobre qué porcentaje aplico la exención por reinversión si paso de ser propietario de una parte, a propietario del total el año anterior a la venta?

PLANTEAMIENTO

Un contribuyente adquiere durante su matrimonio —en separación de bienes— una vivienda con su pareja de la que cada uno es titular del 50 %, y que constituye la vivienda habitual de ambos, hasta la fecha de divorcio, en la que se le adjudica a la exmujer y sus hijas, que continúan residiendo en ella hasta hace 6 meses, fecha en la que se extingue el condominio y el contribuyente adquiere el porcentaje que la faltaba pasando a ser propietario del 100 % y volviendo a residir en la vivienda.

El contribuyente quiere vender esta vivienda y reinvertir en otra, lo que le lleva a plantearse si la vivienda no pierde la consideración de vivienda habitual durante el tiempo que tuvo que abandonar la vivienda por la adjudicación de la misma a su exmujer y sus hijas, y en caso de que no sea así y pudiera aplicar la exención en la tributación de la ganancia patrimonial obtenida, sobre qué porcentaje sería.

RESPUESTA

En un supuesto como el expuesto la vivienda habitual no perdería esta consideración para el cónyuge que se vea obligado a abandonarla tras una sentencia de divorcio siempre y cuando tal condición concurra en el cónyuge que permaneció en la misma. Con relación al porcentaje sobre el que podría aplicarse la exención (el 50% correspondiente a la parte que poseía, o el 100 % que adquirió *a posteriori,* aunque no hayan transcurrido los 3 años) la Dirección General de Tributos señala en su consulta vinculante (V0326-24), de 6 de marzo de 2024, que puede aplicarse en su totalidad, ya que el plazo se cuenta desde la adquisición de la cuota indivisa y no desde la adquisición del 100% de la propiedad.

En este sentido hay que partir de que para la calificación de la vivienda como habitual, se estará a lo dispuesto en el artículo 41 bis del RIRPF, que define la vivienda habitual como la edificación que constituya la **residencia del contribuyente durante un plazo continuado de, al menos, tres años**. No obstante, se entenderá que la vivienda tuvo el carácter de habitual cuando, a pesar de no haber transcurrido dicho plazo, se produzca el fallecimiento del contribuyente o concurran circunstancias que necesariamente exijan el cambio de domicilio, tales como **separación matrimonial**.

En el presente caso, como consecuencia del divorcio, el uso y disfrute de la vivienda se atribuyó a las hijas y a la exesposa del contribuyente, correspondiendo a esta última un 50 % de titularidad sobre la vivienda y un 50 % al consultante. Posteriormente, y tras la extinción del condominio, el consultante adquirió el porcentaje de titularidad de su exmujer para consolidar el pleno dominio y volvió a residir en la vivienda.

Para dar respuesta a este supuesto podemos referirnos a la ya citada consulta vinculante de la DGT (V0326-24), de 6 de marzo de 2024, en la que se recuerda que el criterio de la Dirección General de Tributos establecía que la vivienda habría dejado de tener la consideración de vivienda habitual para el consultante en el momento en que abandonó la misma como consecuencia de su divorcio. Sin embargo, la sentencia del Tribunal Supremo n.° 553/2023, de 23 de mayo, ECLI:ES:TS:2023:2021, establece que, en situaciones de separación, divorcio o nulidad del matrimonio que determinen el cese de la ocupación efectiva como vivienda habitual para el cónyuge que ha de abandonar el domicilio, el requisito de ocupación efectiva de la vivienda habitual en el momento de la transmisión o en cualquier día de los dos años anteriores a la misma se entenderá cumplido cuando tal situación concurra en el cónyuge que permaneció en la misma.

En consecuencia, la jurisprudencia del Tribunal Supremo lleva a considerar que, a efectos de lo dispuesto en el artículo 41 bis. del RIRPF, en los supuestos de separación, divorcio o nulidad del matrimonio que determinen para uno de los cónyuges el cese de la residencia en la que había sido la vivienda habitual del matrimonio, se entenderá que este está transmitiendo la vivienda habitual cuando, para el cónyuge que permaneció en la misma, constituya su vivienda habitual en ese momento o hubiera tenido tal consideración hasta cualquier día de los dos años anteriores a la fecha de transmisión.

Por lo tanto, en el supuesto planteado, **la vivienda habría mantenido la consideración de habitual para el contribuyente durante los años que no pudo residir en ella.**

Con relación al porcentaje de la vivienda sobre el cual se aplicaría el beneficio fiscal, la DGT, citando la resolución del Tribunal Económico-Administrativo 2456/2015, de 18 de septiembre de 2018, destaca:

> «El requisito legal de la residencia habitual por tres años continuados se predica respecto de la edificación y ya resulta chocante que una misma cosa indivisible, una vivienda que se habita ab initio en su totalidad a título de pleno dominio, aunque compartido, pueda a la vez constituir la vivienda habitual por distinto lapso de tiempo y, en definitiva, constituir y no constituir a la vez vivienda habitual para un mismo individuo. En los supuestos de división de la cosa común no se produce propiamente la transmisión de un bien sino la concreción de la cuota ideal en un bien. El acto impugnado admite que la disolución de la comunidad y la posterior adjudicación no constituye ninguna alteración en la composición de sus patrimonios que pudiera dar lugar a una ganancia patrimonial, siempre y cuando la adjudicación se corresponda con la respectiva cuota de titularidad, que no se cuestiona. En tales circunstancias, atendiendo a la finalidad de los beneficios fiscales de exención por reinversión en vivienda habitual y deducción por adquisición de vivienda habitual, en los supuestos de indivisibilidad y en los que el obligado tributario ininterrumpidamente ha residido en la vivienda, entendemos que el cómputo del plazo de tres años no puede fragmentarse por distintas partes y no ha de estarse a la fecha en que se produjo el acto interno de la comunidad, sino desde la adquisición de la cuota indivisa».

En conclusión, la DGT señala que la exención por reinversión será de aplicación en su **totalidad sobre la ganancia patrimonial que se genere.**

Caso práctico | ¿Es aplicable la exención en el IRPF si el contribuyente fallece antes de materializar la reinversión en vivienda habitual?

PLANTEAMIENTO

Un contribuyente vendió su vivienda habitual en marzo de 2023 con la intención de reinvertir la ganancia en la compra de una nueva vivienda habitual. Sin embargo, fallece en febrero de 2025 sin haber materializado la reinversión. En este caso, ¿es aplicable la exención por reinversión en vivienda habitual?

RESPUESTA

La respuesta a esta cuestión ha de ser afirmativa tal como ha señalado la DGT en la **consulta vinculante (V1523-23), de 5 de junio de 2023,** en la que señala:

«En conclusión, a la ganancia patrimonial obtenida por el contribuyente que fallece por la transmisión de su vivienda habitual le resulta aplicable la exención por reinversión recogida en el artículo 38.1 de la Ley del Impuesto y desarrollada en el artículo 41 del Reglamento».

Para esta conclusión la DGT tiene en cuenta que el apartado 1 del art. 41 bis del RIRPF establece:

«A los efectos previstos en los artículos 7.t), 33.4.b), y 38 de la Ley del Impuesto se considera vivienda habitual del contribuyente la edificación que constituya su residencia durante un plazo continuado de, al menos, tres años.

No obstante, se entenderá que la vivienda tuvo el carácter de habitual cuando, a pesar de no haber transcurrido dicho plazo, se produzca el fallecimiento del contribuyente o concurran otras circunstancias que necesariamente exijan el cambio de domicilio, tales como celebración de matrimonio, separación matrimonial, traslado laboral, obtención del primer empleo, o cambio de empleo, u otras análogas justificadas».

Además, el centro directivo se remite a su criterio establecido —**consulta vinculante (V2181-16), de 19 de mayo de 2016**— en relación con un supuesto de obligación de incremento o mantenimiento de plantilla para la aplicación del beneficio del régimen de libertad de amortización cuando se produce el fallecimiento:

«Por tanto, el apartado 6 del artículo 109 establece que el incumplimiento del requisito de incremento o mantenimiento de la plantilla conlleva la regularización prevista en dicho apartado, por lo que el cese en la actividad económica conllevaría la obligación de regularizar. Ahora bien, en el caso de personas físicas, el fallecimiento, dada la naturaleza y circunstancias específicas que concurren en la extinción de la personalidad jurídica en el caso de las personas físicas, y teniendo en cuenta dicha naturaleza en relación con los efectos de cese de las obligaciones que consisten en el mantenimiento de requisitos o en la realización de actuaciones futuras que dicho fallecimiento conlleva, no podría considerarse como un incumplimiento del requisito referido, por lo que no llevaría aparejada la obligación de regularización por los herederos del causante».

Por todo ello, la DGT en la mentada consulta vinculante señala que dada la naturaleza y circunstancias específicas que concurren en la extinción de la personalidad jurídica en el caso de personas físicas, y teniendo en cuenta esta naturaleza en relación con los efectos de cese de las obligaciones que consisten en el cumplimiento de requisitos o en la realización de actuaciones futuras que dicho fallecimiento conlleva, no puede considerarse que se produzca un incumplimiento del requisito de reinversión al que se había comprometido el contribuyente.

Caso práctico | Cómputo de plazos para la reinversión cuando se ha dejado de vivir un tiempo en la vivienda transmitida

PLANTEAMIENTO

Un contribuyente tiene una vivienda en propiedad en la cual residió por 7 años. Posteriormente cambió de domicilio por lo que decidió alquilarla manteniéndose esta situación durante 5 años, momento en el que vuelve a la vivienda la cual ha decidido vender para reinvertir la ganancia en una nueva vivienda habitual. Se plantea si podría aplicar la exención por reinversión.

RESPUESTA

En el caso que se plantea la respuesta dependerá de la **concurrencia de los requisitos** que exige la ley, que presentará una serie de especialidades que deben tenerse en cuenta.

Partimos del hecho de que tanto la vivienda transmitida como la vivienda que se adquiere **deben tener la condición de vivienda habitual**. En cuanto a la habitualidad de la vivienda transmitida en este caso debemos señalar que es preciso, conforme señala el art. 41 bis del RIRPF, que la edificación que **constituya se residencia durante un plazo continuado de, al menos, tres años**. El apartado 3 del mismo precepto señala que se entiende que la edificación constituye vivienda habitual, a los efectos de la exención, cuando **hubiera tenido tal consideración hasta cualquier día de los dos años anteriores a la fecha de la transmisión**.

En cuanto al plazo para realizar la reinversión, señala el apartado 3 del art. 41 del RIRPF, que su adquisición jurídica ha de realizarse dentro de los dos años anteriores o posteriores a la transmisión de la precedente habitual.

Por tanto, para determinar si el contribuyente podría aplicar la exención resulta determinante que la vivienda trasmitida tenga la condición de vivienda habitual. En el caso objeto de análisis esta **condición de habitual no concurre** ya que una vez que había dejado de residir **disponía de un plazo de dos años para la venta**, por tanto, para que pueda aplicar la exención es **necesario que una vez que ha vuelto a residir en la vivienda permanezca en la misma en principio durante un plazo de tres años**, para poder entender que la misma constituye vivienda habitual.

A TENER EN CUENTA. El párrafo segundo del art. 41 bis. 1 del RIRPF señala «No obstante, se entenderá que la vivienda tuvo el carácter de habitual cuando, a pesar de no haber transcurrido dicho plazo, se produzca el fallecimiento del contribuyente o concurran otras circunstancias que necesariamente exijan el cambio de domicilio, tales como celebración de matrimonio, separación matrimonial, traslado laboral, obtención del primer empleo, o cambio de empleo, u otras análogas justificadas».

En los términos expuestos se ha pronunciado la DGT en la **consulta vinculante (V3236-23), de 13 de diciembre de 2023**, en la que señala:

«Respecto a lo anterior, una vez que el consultante haya dejado de residir efectivamente en su vivienda, que hubo alcanzado para él la consideración de habitual, con independencia de la causa que hubiera determinado el cese en la residencia efectiva (enfermedad, desempleo, traslado laboral, nacimiento de un hijo, etc) dispone de un plazo de dos años para su venta sin pérdida del derecho a la correspondiente exención por reinversión.

De no producirse la venta en tal término, el consultante deberá volver a residir en la vivienda durante un plazo de tres años, o durante un plazo inferior en el supuesto de fallecimiento del contribuyente o concurrencia de las circunstancias que necesariamente exijan el cambio de domicilio, para que esta alcance de nuevo la consideración de habitual y poder así aplicar la exención por reinversión a la ganancia patrimonial generada en la venta».

Caso práctico | ¿El tiempo de ocupación de la vivienda en precario computa para la exención por reinversión en vivienda habitual?

PLANTEAMIENTO

Un contribuyente tiene pensado vender la vivienda en la que reside, que adquirió hace pocos meses y que antes había ocupado en concepto de precario. ¿Puede tener en cuenta el tiempo que la ocupó en precario a la hora de computar el plazo de tres años de residencia continuada que permite considerarla como vivienda habitual a efectos de la exención por reinversión en IRPF?

RESPUESTA

El Tribunal Económico-Administrativo Central (TEAC) ha reiterado en diversas resoluciones que la ocupación en precario no puede computarse a efectos del plazo de tres años de residencia continuada, ya que el precario implica una utilización ajena sin título, o en virtud de un título nulo o que haya perdido validez, sin que medie renta o cualquier otra contraprestación. En este sentido podemos citar la **resolución n.º 06133/2022, de 24 de julio de 2023**, en la que se analiza un tema similar y se recuerda la postura adoptada no solo por el propio TEAC sino también por el Tribunal Supremo:

«Este TEAC comparte el criterio de la AEAT, confirmado por el TEAR en la resolución recurrida, de considerar que los beneficios fiscales vinculados a la vivienda habitual del contribuyente están ligados a la titularidad del pleno dominio de la vivienda, tal y como se expresa en la doctrina de este TEAC, reflejada en la resolución de 18-09-2018 RG 00-02456-2015, que reitera el criterio, con la legislación anterior, plasmada en TEAC 06-10-2000 RG 00-01565-1997. También en diversas Consultas de la Dirección General de Tributos (DGT) del Ministerio de Hacienda, como en la Consulta Vinculante de 13 de junio de 2022, número 1343-22 o la Consulta Vinculante, número 1740-21 de 4 de junio de 2021. En el plano jurisprudencial, el Tribunal Supremo (TS) ha consolidado una línea clara según la cual el disfrutar de exenciones o deducciones vinculadas a la inversión en o de la vivienda requiere ostentar el pleno dominio de la misma, a la luz de lo dispuesto en el artículo 54 de la Ley 35/2006. Así, en la sentencia número 551/2004, de 8 de octubre, en un caso de exención por reinversión, doctrina que se recoge en la sentencia de 20 de diciembre de 2018, si bien para otro beneficio distinto (exención de ganancia por transmisión de mayores de 65 años) considera los requisitos del concepto común de vivienda habitual:

"De conformidad con lo razonado procede declarar sobre la cuestión de interés casacional que en el ámbito del Impuesto sobre la Renta de las Personas Físicas, la exención de la ganancia patrimonial obtenida con ocasión de la transmisión por mayores de sesenta y cinco años de su vivienda habitual, regulada en el art 31.4.b del TRLIRPF, requiere que la vivienda transmitida haya constituido la residencia habitual durante el plazo continuado de, al menos, tres años continuados, y que haya ostentando durante dicho periodo el pleno dominio de la misma "».

Añade también que «(...) el precario supone una utilización ajena sin título, o en virtud de título nulo o que haya perdido validez, sin que medie renta o cualquier otra contraprestación. En consecuencia, **la institución jurídica del precario, no debe en ningún caso computarse a efectos del plazo legal mínimo exigido por el artículo 41 bis del RIRPF de tres años de residencia continuada en la vivienda, para considerarla como habitual**, sino que sólo debe computarse la posesión que se realiza en concepto de pleno dominio».

Por lo tanto, la ocupación en precario no puede ser considerada para el cómputo del plazo de tres años de residencia habitual.

Caso práctico | Reinversión vivienda habitual IRPF cuando se adquiere una nueva vivienda antes de la transmisión de la que constituía vivienda habitual

PLANTEAMIENTO

Un contribuyente vende su vivienda habitual obteniendo una ganancia patrimonial. Previamente, un año y medio antes de la venta, había adquirido una nueva vivienda que se convertirá en su nueva vivienda habitual. A los efectos de aplicar la exención por reinversión, ¿son válidos los pagos realizados con anterioridad a la venta?

RESPUESTA

La respuesta a esta cuestión ha de ser afirmativa partiendo de que el apartado 3 del art. 41 del RIRPF establece:

> «La reinversión del importe obtenido en la enajenación deberá efectuarse, de una sola vez o sucesivamente, en un período no superior a **dos años desde la fecha de transmisión** de la vivienda habitual o en un año desde la fecha de transmisión de las acciones o participaciones.
>
> (...)
>
> Igualmente **darán derecho a la exención** por reinversión las cantidades obtenidas en la enajenación que se destinen a satisfacer el precio de una nueva vivienda habitual que **se hubiera adquirido en el plazo de los dos años anteriores a la transmisión** de aquélla».

Ha sido el TEAC quien ha señalado la validez en cuanto a los pagos realizados con anterioridad a la venta, tal como recoge la **consulta vinculante (V2984-23), de 14 de noviembre de 2023**, en la que señala:

> «No obstante, en relación con lo anterior, el hecho de haberse realizado pagos a la entidad promotora con anterioridad a la venta de la "antigua" nos lleva a citar la resolución 02463/2013/00/00, de 11 de septiembre de 2014, del Tribunal Económico-Administrativo Central, dictada en unificación de criterio, en la que se sostiene que para la aplicación de la exención, se requiere que el contribuyente invierta en el plazo de dos años, posteriores o anteriores a la venta, una cuantía equivalente al importe total obtenido por la transmisión. Es decir, no es preciso que los fondos obtenidos por la transmisión de la primera vivienda habitual sean directa, material y específicamente los mismos que los empleados para satisfacer el pago de la nueva, por lo que no debe distinguirse entre que el importe invertido en la nueva vivienda estuviese a disposición del obligado tributario con anterioridad a la transmisión de la antigua o hubiese sido obtenido por causa de esa transmisión».

Para aplicar la exención el contribuyente deberá reinvertir el importe que obtenga de la venta en la construcción de la vivienda de dentro del plazo dos años, tal como se recoge en la **consulta vinculante de la DGT (V0512-22), de 14 de marzo de 2022**:

«Conforme con tal regulación, para que la ganancia patrimonial obtenida en la transmisión de la vivienda habitual resulte exenta es necesario reinvertir el importe total obtenido en la adquisición o rehabilitación de una nueva vivienda habitual; debiendo efectuarse la reinversión en el plazo de los dos años anteriores o posteriores a contar desde la fecha de enajenación. Por tanto, en el caso planteado, en el que la consultante se plantea la venta de su vivienda habitual y destinar el importe obtenido a la adquisición de una nueva vivienda, dicha adquisición deberá realizarse en el plazo de los dos años a contar desde la referida transmisión. No obstante, también plantea la posibilidad de realizar primero la adquisición de la nueva vivienda y con posterioridad transmitir su actual vivienda habitual, en cuyo caso, para que resulte de aplicación la exención por reinversión, dicha adquisición deberá realizarse en el plazo de los dos años anteriores a la transmisión».